AF445982

Florece en la Adversidad

Eduardo Alighieri

Florece en la Adversidad
Eduardo Alighieri
Derechos de Autor Reservados
2025

ISBN: 978-958-52783-0-1

Artista de portada:
Departamento de diseño
Editorial Corcultura

Prólogo:
Kassandra Tocker

Diseño y Diagramación:
Departamento de diseño
Editorial Corcultura

Corrección y Estilo:
Sandra Pinzón
Helena Gutiérrez

© Editorial Corcultura
www.corcultura.org

Impreso en Colombia - Printed in Colombia

DEDICATORIA

A mi madre, cuya fortaleza y resiliencia han sido mi faro en los momentos más oscuros. Su capacidad para florecer en medio de la adversidad me ha enseñado que, a pesar de los desafíos, siempre hay espacio para el crecimiento y la esperanza. Este libro es un reflejo de su valentía y amor incondicional.

ÍNDICE

PRÓLOGO

Florece en la adversidad ha sido escrito con la intención de guiarte a través de un viaje de autodescubrimiento y crecimiento, dirigido a todo aquel que, en algún momento de su vida, se ha visto a punto de desfallecer; brindándote estrategias prácticas, además de profundos, sabios y útiles consejos que te proporcionarán preciadas técnicas y herramientas con las que reinventarte.

En la medida en que te adentras en su fascinante lectura, vas conectando contigo mismo, al sentirte identificado con las anécdotas aquí descritas, ¡Anécdotas que tocarán las fibras más profundas de tu corazón y que te llegarán al alma!; las que querrás leer una y otra vez, y en la medida en que lo hagas, adquirirás el coraje y deseo inmenso de realizar esa transformación interior, porque te sentirás inspirado, viendo la vida desde una perspectiva diferente.

Comprenderás que todo está dentro de ti, que, pese a las vicisitudes de la vida y mediante la aceptación y el reconocimiento de tus talentos y tu valía, lograrás alcanzar tus metas y tus sueños porque estás hecho de un material resiliente, maleable, ¡Siendo tú el alfarero! Es una invitación a que pongas en práctica todo lo aquí aprendido, con la firme convicción de que ¡Sí puedes florecer en medio de la adversidad!

KASSANDRA TOCKER
Escritora

INTRODUCCIÓN

En el silencio de la madrugada, cuando el mundo parece detenido en su marcha constante, surge un llamado sutil que nace desde lo más profundo de nuestro ser. Es en ese momento de quietud, donde los ecos de nuestras dudas y temores son más fuertes, que comprendemos una verdad simple y poderosa: la vida, en su infinita sabiduría, nos ofrece los mayores desafíos no como castigos, sino como semillas de transformación.

Cada ser humano, sin excepción, carga consigo un jardín interior, un espacio sagrado donde las experiencias, tanto las dulces como las amargas, se entrelazan para formar el tejido de nuestra existencia. Es en este jardín donde florecemos, donde cada lágrima derramada riega la tierra fértil de nuestro crecimiento, y donde cada sonrisa se convierte en un rayo de sol que nutre nuestra alma.

La adversidad, esa sombra que tantas veces nos acecha, es en realidad una aliada disfrazada. Se presenta en nuestra vida con ropajes oscuros, con la intención de forjar en nosotros una fuerza indomable, una resiliencia que solo aquellos que han conocido el dolor pueden comprender. No es en los días de calma donde descubrimos nuestra verdadera fortaleza, sino en los momentos de tormenta, cuando las pruebas parecen insuperables y las noches se tornan interminables, que nuestra esencia más pura emerge, renovada y fortalecida.

Imagina una semilla enterrada en la profundidad de la tierra, rodeada de oscuridad y frío. Para esa semilla, el camino hacia la superficie parece interminable, lleno de obstáculos invisibles y presiones constantes. Sin embargo, la semilla no se rinde. Con cada pulso de vida, con cada intento de alcanzar la luz, va creciendo, luchando contra la tierra que la aprisiona. Y un día, después de mucho esfuerzo, rompe la superficie y se convierte en una flor que desafía al viento y al tiempo. Esa es la historia de cada uno de nosotros, de quienes hemos decidido florecer, a pesar de las adversidades.

El viaje hacia la plenitud, hacia la realización de nuestros sueños y la conquista de nuestros miedos, no es un camino recto ni fácil. Está lleno de curvas inesperadas, de caídas y levantadas, de momentos de duda y de revelaciones profundas. Pero en cada paso, en cada decisión de seguir adelante a pesar del dolor, estamos cultivando el jardín de nuestra alma, estamos alimentando las raíces de nuestra esencia, y estamos, sin darnos cuenta, floreciendo en la adversidad.

Y entonces, llega el día en que miramos atrás y comprendemos que cada obstáculo, cada lágrima, cada momento de desesperanza, fue en realidad una pieza esencial en el mosaico de nuestra vida. Que sin ellos, no seríamos quienes somos hoy, y que cada uno de esos momentos nos ha preparado para ser la versión más auténtica y poderosa de nosotros mismos.

Este libro, "Florece en la adversidad", no es solo un testimonio de esa lucha interna que todos enfrentamos, sino también una celebración de la vida en todas sus facetas. Es una invitación a abrazar cada experiencia, a honrar cada desafío y a reconocer que, dentro de nosotros, existe una fuerza inquebrantable, una capacidad infinita de renacer, de reinventarnos y de florecer, sin importar cuán difíciles sean las circunstancias.

Así que, mientras recorres estas páginas, te invito a mirar dentro de ti mismo, a redescubrir ese jardín interior que ha sido alimentado por tus vivencias. Permítete sentir, reflexionar y, sobre todo, permitir que esas semillas de resiliencia y amor propio florezcan. Porque al final, la verdadera belleza de la vida no reside en la ausencia de problemas, sino en la capacidad de transformarlos en oportunidades para crecer, para aprender, y para florecer en medio de la adversidad.

Con cada palabra, con cada reflexión compartida, mi deseo es que encuentres en este libro no solo consuelo, sino también inspiración y guía para seguir adelante. Que te recuerdes a ti mismo, cada día, que eres capaz de superar cualquier obstáculo, y que, como la semilla que desafía la oscuridad, tú también puedes florecer, no a pesar de las adversidades, sino gracias a ellas.

CAPÍTULO 1
"Aceptar el pasado para construir el futuro"

ACEPTAR PARA AVANZAR

La vida es un constante vaivén entre lo que podemos controlar y aquello que, por más que lo deseemos, simplemente escapa de nuestras manos. Existen fuerzas invisibles que moldean nuestro camino, factores que por más que luchemos, no podemos cambiar. Aceptarlos no es un acto de rendición, sino de sabiduría. Prever lo inevitable y abrazarlo con serenidad nos libera del peso de lo imposible. Sin embargo, aquello sobre lo que sí tenemos poder, lo que podemos influir y transformar, no puede ni debe ser abandonado al azar. En esos momentos cruciales, es nuestra responsabilidad ser dueños de nuestro destino.

El compromiso con nuestros sueños debe ser el faro que ilumina incluso los días más oscuros. Aceptar lo que no está bajo nuestro control nos permite avanzar con ligereza, como un navegante que suelta las anclas del miedo y la negación. Negarnos esa paz que solo la aceptación puede traer es como caminar con una sombra que nos impide ver el horizonte. Cada paso hacia la aceptación es un paso hacia la libertad, hacia el verdadero avance.

SUPERARTE A TI MISMO ES LA META

En el gran teatro de la vida, a menudo nos encontramos mirando hacia los lados, observando las vidas de los demás, comparando nuestros pasos con los suyos. Pero la verdadera carrera no es contra los otros, sino contra nosotros mismos. Mantener la mirada fija en la meta, en nuestros propios sueños y aspiraciones, es lo que nos impulsa hacia adelante. Las comparaciones, aunque inevitables, nos roban la paz y nos desvían del sendero que nos pertenece.

El tiempo es un misterio. Algunos alcanzan la cumbre de sus sueños en los primeros años de su vida, como prodigios que deslumbran con su precocidad. Otros, en cambio, encuentran su momento de brillo en la madurez, cuando el tiempo ha esculpido su carácter con paciencia y resiliencia. Pero, independientemente de cuándo lleguemos a nuestros objetivos, lo importante es no detenerse. No importa si el camino es más largo o más corto, lo imprescindible es seguir caminando, seguir creyendo, seguir avanzando.

Cada uno de nosotros ha sido dotado con talentos únicos, con dones que nos hacen irrepetibles. No hay un solo camino, no hay una sola fórmula para el éxito o la felicidad. Mientras algunos jóvenes ya están publicando libros o componiendo sinfonías a una edad temprana, otros aún están descubriendo el poder de su propia voz. Y eso está bien. La grandeza no se mide en años, se mide en constancia, en la capacidad de no rendirse, de levantarse una y otra vez.

La clave está en avanzar a tu propio ritmo, sin prisas ni comparaciones. El verdadero éxito radica en ser mejor de lo que fuiste ayer, en trabajar cada día en tu propia construcción, en ser un arquitecto diligente de tus sueños. Cada pequeño logro, cada avance, es un ladrillo en el edificio de tu vida. No importa si ves a otros correr más rápido, lo que importa es que tú sigas caminando con firmeza hacia tus propios sueños.

Deja de mirar a los lados. Compararte con otros es una fuente infinita de amargura y desdicha. En cambio, mira hacia adelante, hacia ese horizonte que solo tú puedes conquistar. Mirar hacia el frente no solo te traerá paz, sino también la certeza de que, aunque el camino sea largo y a veces solitario, siempre valdrá la pena.

EL PESO
DEL AYER

Todos caminamos con el peso del ayer, con las marcas invisibles de nuestros errores y caídas. Cada uno de nosotros lleva una mochila cargada de decisiones, algunas acertadas, otras no tanto. Es un peso que, si no aprendemos a manejar, puede ahogar nuestro espíritu y detenernos en la senda hacia nuestros sueños. El pasado se convierte en una sombra alargada, que nos susurra temores y dudas, y nos roba el valor para enfrentar nuevos retos.

Cada equivocación trae consigo una cadena de consecuencias, a veces como un río de dolor que atraviesa nuestro ser, dejándonos cicatrices profundas y recuerdos difíciles de asimilar. A menudo, esos recuerdos se convierten en fantasmas que nos visitan en los momentos más oscuros, recordándonos las veces que fallamos, las veces que no fuimos lo suficientemente buenos.

Y en ese diálogo silencioso, la culpa se transforma en un ancla, el arrepentimiento en una barrera invisible que nos impide avanzar.

Pero, ¿qué pasaría si decidimos cambiar nuestra mirada? Si en lugar de ver el pasado como un enemigo, lo abrazamos como un maestro. La culpa y el arrepentimiento son sin duda pesados cuando los miramos desde el ángulo del dolor, pero, pueden ser faros de luz cuando aprendemos a escucharlos con sabiduría.

Cada error esconde una lección, y cada caída nos enseña cómo levantarnos con más fuerza. Es en esos momentos de mayor debilidad cuando descubrimos el poder inmenso que habita en nuestro interior.

Cambiar la perspectiva no es fácil. Implica valentía para enfrentarnos a nosotros mismos, a nuestras sombras y a nuestros miedos más profundos. Pero cuando lo hacemos, encontramos un brillo oculto en las experiencias que antes solo veíamos como fracasos. Descubrimos que esos errores, lejos de definirnos, nos impulsan a ser mejores. Extraer los aprendizajes de cada cicatriz nos permite transformarnos y avanzar con un corazón más sabio y más fuerte.

Aceptar aquello que no podemos cambiar es un acto de liberación. Es comprender que el pasado no tiene por qué ser una prisión, sino un puente hacia una versión de nosotros mismos más libre y consciente. El peso del ayer se aligera cuando entendemos que cada tropiezo nos ha hecho más humanos, más reales, y que incluso en nuestras imperfecciones, hay belleza.

Así, el ayer deja de ser una carga para convertirse en el cimiento sobre el cual construiremos un futuro lleno de posibilidades. Cada paso que damos hacia adelante, lo hacemos con la certeza de que hemos crecido, de que somos más grandes que nuestras caídas.

Hace años, tuve una conversación enriquecedora sobre este tema con Margarita, una amiga del colegio.

—Eduardo: ¿Sabes por qué te sientes tan pesada últimamente? No es el trabajo, ni los problemas del día a día. Es ese equipaje invisible que arrastras... el pasado.

Margarita miro al horizonte y respondió:
— Sí... a veces siento que mis errores me persiguen, que no puedo dejarlos atrás. Cada vez que intento avanzar, el recuerdo de todo lo que hice mal me frena.

—Eduardo: Te entiendo. Todos llevamos ese peso. Pero hay algo que debes comprender: el pasado solo tiene el poder que tú le das. Los errores son parte del viaje, no el final de él.

—Margarita: ¿Cómo puedo dejarlos ir? ¿Cómo puedo dejar de sentir esta culpa?

—Eduardo: No se trata de olvidar, sino de aprender. Cada cicatriz que llevas es un recordatorio de que sobreviviste, de que eres más fuerte de lo que crees. ¿Ves esas marcas? No son símbolo de fracaso, son prueba de tu resistencia.

—Margarita: Pero duele tanto... Me pesa saber que pude haberlo hecho mejor.

—Eduardo: Claro que duele. El dolor es parte de la enseñanza. Sin embargo, el verdadero problema no está en haberte equivocado, sino en no cambiar la forma en que lo ves. Si te concentras solo en el sufrimiento, nunca verás el crecimiento que cada experiencia te dejó.

—Margarita: ¿Y cómo cambio esa perspectiva?

—Eduardo: Empieza por hacerte una simple pregunta: ¿Qué aprendí de esto? ¿Cómo me ha hecho más sabio, más fuerte? Cuando encuentras la lección oculta en tus errores, te liberas de la carga. Ya no son piedras en el camino, sino escalones hacia algo mayor.

—Margarita:¿Y si no puedo cambiar lo que pasó?

—Eduardo: No puedes cambiar el pasado, pero sí puedes elegir cómo te afectará. Aceptar lo que no puedes modificar te dará la paz que necesitas para avanzar. No se trata de olvidar, sino de abrazar lo que fuiste para construir lo que serás. Los errores son solo una parte de la historia, pero tú tienes el poder de escribir el siguiente capítulo.

—Margarita: ¿Crees que puedo dejar de sentirme atrapada en lo que pasó?

—Eduardo: No solo puedes, debes. El ayer es un puente, no una prisión. Usa lo que has aprendido para impulsarte, no para detenerte. El peso del ayer se aligera cuando entiendes que no te define; es solo un recordatorio de que siempre puedes florecer, incluso después de las tormentas.

—Margarita: Entonces, ¿puedo avanzar con todo lo que soy, incluso con mis errores?

—Eduardo: Exactamente. No estás aquí para ser perfecta, estás aquí para ser real, para aprender, para crecer. Y el hecho de que estés aquí, queriendo cambiar, es la prueba de que ya estás en el camino correcto.

NO IGNORES LAS SEÑALES

Puedes forzar a tu cuerpo a funcionar como una máquina incansable, pero cada decisión que tomes en ese sentido tiene un precio que tarde o temprano deberás pagar. Somos seres humanos, no autómatas. Y aunque es fácil caer en la trampa de creer que podemos seguir empujando nuestros límites una y otra vez, el cuerpo —nuestro fiel compañero— siempre termina por reclamar lo que le hemos negado.

La adicción al trabajo se ha vuelto un signo de nuestros tiempos. En una sociedad que glorifica el éxito a cualquier costo, que alaba la productividad sin descanso y que nos empuja a competir constantemente, ser un "adicto al trabajo" puede parecer un camino necesario para alcanzar reconocimiento y prosperidad. Pero, en realidad, esta carrera desbocada rara vez nos conduce a donde pensamos.

Los logros materiales, los aplausos y los títulos a menudo se ven eclipsados por el agotamiento, la enfermedad y la desconexión con lo que realmente importa.

Nuestro cuerpo no es una máquina, y ni siquiera las máquinas pueden funcionar indefinidamente sin detenerse. Así como un motor necesita combustible limpio, mantenimiento y pausas para evitar el desgaste, nosotros necesitamos cuidar de nuestra mente y cuerpo para evitar el colapso. Cuanto más ignoramos las señales que nos envía, más desgastados nos volvemos: la fatiga se convierte en nuestro compañero silencioso, el sueño se nos escapa, el estrés nos envuelve como una sombra, y la salud física y mental comienza a desmoronarse.

El desgaste no llega de golpe, sino que se acumula en cada hora extra, en cada comida rápida que sustituye a una nutrición adecuada, en cada noche de insomnio en la que el cerebro se rehúsa a desconectar. Es un enemigo silencioso, una gota de agua constante que desgasta la roca de nuestra resistencia. Y cuando finalmente nos damos cuenta, puede que ya sea tarde para revertir ciertos daños.

El equilibrio no es una opción, es una necesidad. Así como el día necesita de la noche para renovar su luz, nosotros necesitamos pausas, espacios para respirar, para desconectar y reconectar con lo que realmente nos da vida.

Escuchar a nuestro cuerpo es más que una cuestión de bienestar físico, es una cuestión de amor propio. Necesitamos encontrar tiempo para caminar bajo el sol, para sentir la brisa en el rostro, para reír, amar, y simplemente ser. Alimentar el cuerpo y el alma con lo que los nutre, no solo con lo que los mantiene funcionando.

Nuestro cuerpo, con su infinita sabiduría, siempre nos envía señales cuando algo no está bien. A veces es una punzada en el pecho, un dolor de cabeza que no se va, un cansancio que nos aplasta, una sensación de ansiedad que no nos permite respirar profundo.

Ignorar estas señales es como tapar los ojos ante un incendio que se extiende lentamente. Podemos intentar fingir que no lo vemos, pero las llamas seguirán creciendo hasta que nos rodeen por completo.

Escucha a tu cuerpo. Dale el respeto y el cuidado que merece. No es un mero vehículo para tus ambiciones, es tu hogar, tu refugio, tu aliado más fiel. Si lo descuidas, te perderás no solo de los logros que tanto ansías, sino de la belleza de vivir plenamente.

"Dale a tu trabajo su justa importancia, pero no lo coloques por encima de tu bienestar."
- Eduardo Alighieri

Para cerrar este capítulo, quiero dejarte con una profunda reflexión del filósofo danés Søren Kierkegaard: "La vida solo puede ser comprendida hacia atrás, pero únicamente puede ser vivida hacia adelante."

Es posible que no siempre entendamos el por qué de nuestras dificultades o los obstáculos que encontramos en el presente. Pero con el tiempo, cada experiencia cobra sentido, revelándose como una lección, un llamado a fortalecernos, a aprender, a crecer. Debemos seguir adelante, aún sin todas las respuestas, confiando en que el plan de nuestra vida nos lleva hacia donde debemos estar. Superarnos y mantener la fe es la clave, sabiendo que cada paso, por pequeño que parezca, nos acerca a una versión más plena de nosotros mismos.

CAPÍTULO 2
"Tomando el control: Decidir ser feliz"

TOMA LA DECISIÓN DE SER FELIZ

La vida es un viaje único e irrepetible, y postergar las decisiones importantes solo retrasa la posibilidad de vivir plenamente. No podemos permitir que las oportunidades de ser felices pasen de largo, ni dejar de avanzar hacia donde realmente queremos y merecemos estar.

El tiempo se consume a una velocidad que a menudo nos sorprende, llevándonos por caminos inesperados, llenos de desafíos y, a veces, de dolor. Pero, en lugar de centrarnos en la dificultad de esos obstáculos, debemos enfocarnos en el destino al que nos conducen.

Imagina a Marta y Juan, dos amigos que han pasado por diversas pruebas en sus vidas. Un día, mientras compartían un café, Marta decidió abrir su corazón:

—Juan, me siento atrapada —confesó Marta, con la voz temblorosa—. Llevo años en este trabajo que no me satisface, pero cada vez que pienso en dejarlo, me asusta la idea de empezar de nuevo. ¿Y si no logro encontrar algo mejor? ¿Y si fracaso?

Juan la miró con empatía y dijo:
—Marta, ¿recuerdas cuando decidí mudarme a otra ciudad hace cinco años? Estaba lleno de miedos, pero sabía que necesitaba un cambio. Estaba cansado de vivir una vida que no me hacía feliz. Tomé la decisión de ser feliz, y aunque enfrenté dificultades, cada obstáculo me hizo más fuerte. Hoy, puedo decirte que fue la mejor decisión que pude haber tomado. No temas al cambio. A veces, el camino más incierto es el que te lleva a tu verdadera felicidad.

Cada persona tiene un camino único hacia la felicidad. No existe un recorrido que se pueda repetir exactamente, y aunque muchos puedan parecer similares, cada uno de nosotros forja su propio destino. Es importante recordar que los obstáculos que enfrentamos no deben ser el criterio para tomar decisiones, sino la convicción de hacia dónde queremos llegar.

Con cada desafío superado, no solo te acercas más a tu objetivo, sino que te conviertes en una versión más fuerte y sabia de ti mismo. Las lágrimas derramadas, los sacrificios hechos y los tropiezos en el camino son lecciones valiosas que fortalecen tu espíritu y te preparan para lo que está por venir.

Aunque la mente puede encontrar mil razones para posponer decisiones, el corazón siempre sabe la verdad. Si sientes que no hay paz en tu interior, si notas que hay una disonancia entre lo que piensas, sientes, haces y dices, entonces es hora de tomar una decisión. No pospongas más tu felicidad. El momento de emprender el viaje hacia tu destino es ahora, y cada paso que tomes te acercará más a la vida que realmente deseas y mereces.

Marta, inspirada por las palabras de Juan, decidió dar el paso. Al tiempo, cuando se reencontraron, ella le confesó con una sonrisa:

—Juan, tomé la decisión de ser feliz. Dejé ese trabajo, y aunque fue difícil al principio, hoy me siento más libre y en paz. Gracias por recordarme que la felicidad es una decisión, y que el momento para ser feliz es ahora.

El verdadero cambio no debe posponerse. La felicidad no es un destino lejano, sino una serie de decisiones que tomas todos los días. No permitas que los miedos te detengan. Decide ser feliz hoy, construye el camino que te llevará a donde siempre has querido estar y disfruta del viaje.

CREE EN QUE ES POSIBLE

Cree, incluso cuando todo parezca estar en tu contra. Cree, aunque el camino se torne oscuro y las fuerzas flaqueen. Porque mientras conservemos la fe, esa pequeña chispa de esperanza que habita en lo profundo de nuestro ser, tendremos la capacidad de superar cualquier prueba que la vida nos presente. La fe, más allá de ser un concepto abstracto, es el faro que nos guía cuando las tormentas parecen implacables.

A lo largo del camino hacia nuestros sueños, inevitablemente nos encontraremos con obstáculos. Esos momentos no solo pondrán a prueba nuestra determinación, sino también nuestro amor propio y la confianza que tenemos en nosotros mismos. Nos confrontarán con nuestras debilidades, con nuestras dudas, y nos harán cuestionar si somos lo suficientemente fuertes para continuar.

Empezamos con ímpetu, con esa energía inicial que nos impulsa a dar los primeros pasos. El entusiasmo nos inunda y nos sentimos invencibles, como si nada pudiera detenernos. Pero pronto, cuando los resultados no llegan tan rápido como esperábamos, comenzamos a dudar. Los miedos que una vez logramos vencer, los fantasmas que habíamos desterrado para atrevernos a caminar, vuelven a aparecer, susurrando que tal vez no somos capaces, que tal vez hemos soñado demasiado alto.

Es en esos momentos, cuando las fuerzas parecen escasear y el apoyo externo se desvanece, que debemos recordar lo más importante: no te falles a ti mismo. No traiciones la confianza que una vez tuviste en tus sueños, ni permitas que las dificultades apaguen la llama de tu propósito.

Habrá días en los que el peso del cansancio sea insoportable, en los que sientas que todo esfuerzo ha sido en vano. Días en los que te preguntas si el sacrificio vale la pena, si lo que buscas realmente existe al final del camino. Pero es precisamente en esos días cuando más necesitas creer, cuando más necesitas recordar que las grandes cosas toman tiempo y que los mayores logros no son fruto de la suerte, sino de la perseverancia.

Las fuerzas vendrán y se irán, así como la concentración y el compromiso. Habrá días de brillo, en los que el horizonte parecerá despejado y avanzar será fácil. Pero también habrá días grises, en los que cada paso parecerá una batalla. Y en esos días de duda, cuando las dificultades se acumulen, cuando las voces de la incertidumbre sean ensordecedoras, la fe será tu refugio. La fe en ti mismo, en tu capacidad para enfrentar lo imposible. Porque, aunque parezca que el mundo conspira en tu contra, recuerda siempre: creer es el primer paso para hacerlo posible.

No permitas que las dificultades te hagan olvidar la razón por la que empezaste. No te falles a ti mismo. Los sueños no son promesas de caminos fáciles, sino llamados a superar nuestras propias limitaciones. Cada obstáculo que enfrentas es una lección, una prueba para pulir tu carácter, fortalecer tu voluntad y acercarte más a la persona que estás destinado a ser.

No te rindas cuando los días se vuelvan oscuros. Las noches más largas preceden a los amaneceres más brillantes. Y aunque el apoyo externo a veces falte, aunque sientas que los demás no entienden tu lucha, no estás solo. Tienes a la persona más importante de tu lado: tú mismo.

Sigue creyendo. Cree en que es posible, porque esa creencia es el puente que te llevará desde donde estás hasta donde deseas estar. Las montañas que hoy parecen imposibles de escalar, algún día serán el paisaje que verás desde la cima. Y cuando llegues, sabrás que todo valió la pena, porque nunca dejaste de creer.

La vida es un continuo desafío, un baile entre la duda y la esperanza. Pero si decides mantener viva la fe en ti mismo, si eliges cada día recordar que tus sueños son posibles, entonces habrás ganado la batalla más importante de todas.

Hace poco me encontré con un viejo amigo del colegio, Tomás y yo habíamos compartido pupitre, en una época en la que tener pupitres dobles en los salones de clases era lo normal. Recuerdo que era algo tímido, no hablaba mucho de sus cosas ni de su familia, pero está vez, lo vi demacrado y triste, por lo que quise entablar una conversación pensando en qué tal vez podría compartir conmigo eso que lo tenía pensativo.

—Eduardo: Dime, ¿alguna vez has sentido que ya no puedes más? Que los obstáculos son demasiado grandes y que quizá tus sueños eran solo fantasías.

—Tomás: Muchas veces. Me esfuerzo, avanzo, pero luego aparecen dificultades que me hacen dudar si todo esto vale la pena. A veces siento que estoy dando vueltas sin llegar a ninguna parte.

—Eduardo: Es natural sentirse así. Todos pasamos por esos momentos en los que las fuerzas nos fallan y nos preguntamos si deberíamos seguir adelante. Pero dime, ¿cuál es el verdadero reto?

—Tomás: Supongo que el verdadero reto es seguir, a pesar de las dudas, a pesar de todo…

—Eduardo: Exactamente. El mayor reto no es el camino en sí, ni los obstáculos. El mayor reto es lo que sucede dentro de ti, esa lucha interna entre tus dudas y tus sueños. Y es ahí donde debes elegir. ¿A qué le vas a dar más poder? ¿A tus miedos o a tu fe en que es posible?

—Tomás: Pero cuando las cosas no salen como espero, siento que la fe se desvanece. Me inunda una sensación de derrota.

—Eduardo: La fe no siempre es fuerte y brillante. A veces es apenas un susurro en medio del caos. No se trata de sentirte invencible todo el tiempo, sino de seguir adelante incluso cuando la duda te rodea. Cree en ti mismo, en lo que estás construyendo, aun cuando el mundo te diga lo contrario.

—Tomás: ¿Y cómo hago para mantener esa fe cuando todo parece ir mal?

—Eduardo: Recuerda siempre por qué empezaste. No fue por los resultados inmediatos, sino porque algo en tu interior te decía que este era el camino correcto para ti. Los momentos difíciles no son el final; son pruebas que fortalecen tu carácter. Cada vez que enfrentas un obstáculo y eliges continuar, te vuelves más fuerte, más sabio. Y eso, aunque no lo veas ahora, te está acercando a tus sueños.

—Tomás: A veces pienso que tal vez no soy lo suficientemente fuerte para seguir.

—Eduardo: La fortaleza no siempre se siente como tal. A veces es simplemente negarte a rendirte, incluso cuando todo dentro de ti te grita que lo hagas. La fuerza no está en no caer, sino en levantarte cada vez que lo haces. Y créeme, la vida no te pondría este camino delante de ti si no fueras capaz de recorrerlo.

—Tomás: Pero hay días en los que siento que el apoyo de los demás desaparece, que estoy solo en esta lucha.

—Eduardo: No siempre encontrarás a otros que entiendan tu camino. A veces, la mayor batalla es aprender a apoyarte en ti mismo. En esos momentos en que sientes que el mundo te ha dejado solo, es cuando más debes creer en ti. Porque al final, no se trata de que otros crean en ti, sino de que tú lo hagas.

—Tomás: Entonces, ¿la clave está en seguir creyendo, incluso cuando parece imposible?

—Eduardo: Así es. Cree en que es posible, no porque tengas la certeza de que todo saldrá perfecto, sino porque el simple hecho de creer te da la fuerza para seguir avanzando. Y en ese avanzar, paso a paso, descubrirás que lo imposible no es más que un límite que tu mente aún no ha superado.

—Tomás: ¿Crees que algún día miraré atrás y entenderé por qué todo esto valió la pena?

—Eduardo: Sin duda. Cuando llegues a la cima, cuando veas lo lejos que has llegado, te darás cuenta de que cada duda, cada tropiezo, te hizo más fuerte. Y entenderás que el poder más grande siempre estuvo dentro de ti: tu fe en que era posible, aun cuando parecía que no lo era.

—Tomás: Gracias por tu tiempo amigo, no olvidare esta conversación que tuvimos hoy, me alegra mucho que nos hayamos encontrado. Te dejo porque ahí viene mi familia para que vayamos a cine, hoy es un día de fiesta porque cumple años Ricardo, mi hijo menor.

Tomás me presentó a su esposa e hijos, le di una felicitación especial al cumpleañero y siguieron su camino. Su cara había cambiado, ahora respiraba esperanza.

CAPÍTULO 3
"Vivir el presente: Aprovecha el momento"

CARPE DIEM

"Carpe diem, quam minimum credula postero"
— Horacio

"Aprovecha el día, no confíes en el mañana".

Con estas palabras, el poeta romano Horacio nos invita a sumergirnos en la esencia más pura de la vida: el presente. Cada día es un tesoro que al abrirlo, revela sus múltiples matices: la brisa en la mañana, el brillo del sol al atardecer, las risas que estallan como fuegos artificiales, los silencios que hablan más que las palabras. Sin embargo, vivimos inmersos en una ilusión, creyendo que siempre tendremos otro mañana, otro momento para disfrutar, para amar, para ser. Olvidamos lo efímera que es nuestra existencia, lo fugaz que es el tiempo que se nos ha dado.

La vida se renueva a diario, pero es limitada, finita. Es una danza delicada de la que no conocemos el último paso, ni cuándo llegará. Y, aun así, nos distraemos, postergamos, aplazamos lo que verdaderamente importa, como si el reloj que marca nuestro tiempo fuera eterno. Nos decimos a nosotros mismos que más adelante viviremos, que mañana será el día en que realmente empezaremos a aprovecharlo todo. Pero la verdad es que mañana no está garantizado. Solo tenemos este instante, este respiro, este latido. El presente es lo único que realmente nos pertenece, y es en él donde se construye la vida.

Disfrutar el momento es un arte, un regalo que todos debemos aprender a valorar. Sin embargo, disfrutar no significa caer en el desenfreno o en la inconsciencia. No se trata de dejarnos arrastrar por los placeres efímeros que como fuegos artificiales, brillan un instante y luego desaparecen, dejando un vacío mayor. Disfrutar verdaderamente es vivir con propósito, con intención, con el corazón lleno y la mente clara. Es actuar con responsabilidad, con una visión que abarque no solo el presente, sino también, el futuro que estamos construyendo con cada decisión, con cada paso que damos.

La vida es un equilibrio delicado entre gozar el hoy y cuidar del mañana. No podemos comprometernos con un placer momentáneo si eso significa traicionar nuestros principios, valores o sueños. Lo que sembramos hoy es lo que cosecharemos en el futuro, y los errores cometidos en el presente, si no los tratamos con cuidado, pueden comprometer nuestro porvenir. Es por eso que debemos vivir con consciencia, sabiendo que cada elección, por pequeña que sea, tiene un impacto que va más allá del momento.

Hoy en día, las frases "Vive el presente" y "Disfruta el momento" se han convertido en lemas de una sociedad que a menudo nos incita a consumir sin medida, a gastar sin pensar, a perseguir placeres que nos alejan de nuestro verdadero propósito. Se nos invita a vivir de manera superficial, a buscar la satisfacción inmediata sin considerar las consecuencias. Pero vivir de verdad no es eso. Vivir es actuar con consciencia, es discernir entre lo que nos hace bien y lo que nos aleja de nuestra esencia. Es escuchar nuestra voz interior, esa que nos guía con sabiduría, y no dejarnos confundir por los espejismos que a veces el mundo moderno pone ante nosotros.

"Carpe diem" no es un llamado al desenfreno o a la inconsciencia. No es una excusa para evadir nuestras responsabilidades o para vivir sin pensar en el mañana. Es una invitación a despertar, a elevar nuestra consciencia, a aprovechar cada día con plenitud y responsabilidad. Es un recordatorio de que la vida, aunque breve, puede ser intensa y significativa si la vivimos con los ojos bien abiertos, con el corazón dispuesto a abrazar cada instante y con la mente clara en lo que realmente queremos y valoramos.

Vivir intensamente no es sinónimo de agotar nuestros recursos, sino de saborear cada experiencia, de estar presentes en cada momento, de apreciar las pequeñas maravillas que a menudo pasamos por alto. Es detenernos a oler una flor, a escuchar el canto de los pájaros, a sentir el calor del sol sobre nuestra piel. Es también cultivar relaciones profundas, dar amor sin medida, reír con el alma y llorar cuando sea necesario. Es abrazar la vida con todas sus luces y sombras, con sus alegrías y sus desafíos, sabiendo que cada día que nos es dado es una oportunidad irrepetible para ser felices.

Así que, aprovecha el día. No confíes en el mañana, porque mañana es una promesa incierta. Vive el presente con responsabilidad, con amor y con gratitud. No temas soñar, pero tampoco postergues tu felicidad esperando un momento perfecto que tal vez nunca llegue. El presente es todo lo que tienes. Haz que cuente. Haz que cada día sea un reflejo de la vida que deseas, una vida llena de propósito, de alegría y de significado.

Carpe diem es más que una frase, es una filosofía de vida. Es la llave que nos abre las puertas a una existencia plena y consciente. Vivir el ahora no es renunciar al mañana, sino construirlo con cada acción que tomamos hoy. Y en ese equilibrio entre el presente y el futuro, en esa danza delicada entre el ser y el devenir, es donde encontramos la verdadera esencia de lo que significa vivir.

EL MOMENTO DE SER FELIZ

El momento es ahora, el momento es hoy. Este instante que tienes entre tus manos es lo único seguro, lo único que verdaderamente posees. No sabemos cuánto tiempo nos queda para caminar en esta vida, y permitir que esos días, esas horas, se llenen de tristeza o vacío es un lujo que no podemos darnos.

¿Cuánto tiempo de tu vida deseas ser infeliz?

Es una pregunta que debería retumbar en lo más profundo de nuestro ser, una pregunta que nos exige honestidad. A menudo pasamos nuestros días atrapados en la inercia de la rutina, esperando que algo o alguien llegue a sacarnos de nuestra tristeza. Pero, ¿realmente podemos dejar nuestra felicidad en manos ajenas? ¿Realmente podemos hipotecar nuestra paz al cariño o aprobación de otro?

La verdad es que tu felicidad depende solo de ti. No puede ser un regalo que alguien más te dé, ni puede estar condicionada por si alguien te quiere, te valora, o elige quedarse a tu lado.

Tu felicidad es tuya, y debe ser el fruto de tu propio trabajo interior. Es un jardín que tú mismo debes cultivar, con tus manos, con tu corazón, día a día. No puedes dejar que crezca sobre el terreno de otros, porque allí se marchitaría.

Cuando decides detenerte, pensar, y preguntar profundamente ¿qué me hace feliz?, das el primer paso hacia una vida plena. Es en ese momento cuando empiezas a tomar el control, cuando te miras a ti mismo y reconoces que la felicidad no es algo que simplemente ocurre, es algo que se elige, se aprende y se practica. Nadie te lo enseñará en los libros ni en los discursos, porque la única fuente de esa verdad está dentro de ti.

Aprender a ser feliz es una lección que todos debemos buscar. Es un camino que a veces parece incierto, pero que, cuando lo transitamos con intención, nos lleva hacia lugares que jamás imaginamos. Así como cuando decides ir a un destino, empiezas a tomar decisiones que te guíen hacia ese lugar, de igual manera debes empezar a decidir tu felicidad. Sin dirección, sin saber qué es lo que realmente anhelas, pasarás la vida moviéndote de un lado a otro, pero sin avanzar hacia el verdadero bienestar. Serás como una hoja que vuela al capricho del viento, sin raíces, sin rumbo.

Dedica un poco de tu vida, de tu precioso tiempo, a reflexionar sobre lo que realmente te hace feliz. ¿Qué es lo que enciende tu alma? ¿Qué te hace sentir vivo, completo? Pregúntate con la misma seriedad con la que tomas decisiones importantes: ¿Cómo puedo ser tan feliz como deseo? Porque esa respuesta es vital para que tu vida adquiera el sentido que buscas.

Toma la decisión de ser feliz. No mañana, no cuando las cosas mejoren, sino ahora. No permitas que nadie, ni nada, te robe esa paz que tanto mereces. Y no porque quienes te rodean no te deseen lo mejor, sino porque ellos, muchas veces, tampoco saben cómo ser felices. No puedes esperar que alguien te dé lo que ellos mismos aún buscan.

En nuestro día a día, dejamos que lo menos importante ocupe el primer lugar en nuestras preocupaciones. Nos ahogamos en la superficialidad, en el ruido de lo inmediato, olvidando lo esencial: nuestra paz, nuestra alegría interior. Nos perdemos en las exigencias del mundo, en los problemas pasajeros, cuando en realidad la vida nos pide que miremos más allá, que volvamos a lo sencillo, a lo que realmente nutre nuestra alma.

Recuerda, la felicidad es tuya, es tu derecho, pero también es tu responsabilidad. Y el momento para comenzar a buscarla, a cultivarla y a abrazarla… es ahora.

En abril estuve hablando con Luis, un amigo de mi hermana que pasaba por un bache en su vida, se había separado hace un año, y no lograba reponerse de la situación.

—Eduardo: ¿Luis, Sabes cuál es el mayor error que cometemos cuando pensamos en la felicidad?

—Luis: No estoy seguro... tal vez creer que llegará sola cuando todo esté en su lugar.

—Eduardo: Exacto. Creemos que la felicidad es algo que está esperando al final del camino, como si fuera una recompensa por haber superado todos los obstáculos. Pero la verdad es mucho más simple, y a la vez más profunda: la felicidad no está en el futuro. Está aquí, en este momento.

—Luis: ¿En este momento? Pero… ¿cómo puedo ser feliz ahora, con todo lo que está pasando en mi vida? Hay tantas cosas que me preocupan, tantas situaciones sin resolver...

—Eduardo: Ahí está el problema. La vida siempre estará llena de desafíos, pero dejar que esos desafíos definan tu felicidad es como permitir que el mal tiempo dicte cómo debes vivir cada día. No puedes esperar a que todo esté perfecto para ser feliz, porque esa perfección quizás nunca llegue.

—Luis: Entonces, ¿cómo encuentro la felicidad en medio de todo esto? A veces me siento perdido, sin rumbo, como si estuviera tomando decisiones pero sin saber a dónde me llevan.

—Eduardo: La clave está en la claridad. Si no sabes qué te hace feliz, seguirás caminando sin dirección. Es como si intentaras navegar en medio de una tormenta sin brújula. Dedica tiempo a conocerte, a descubrir lo que verdaderamente enciende tu alma. Pregúntate: ¿qué es lo que realmente quiero de esta vida? Cuando lo sepas, cada decisión que tomes será un paso hacia esa felicidad.

—Luis: Pero es difícil. Todo parece tan confuso a veces… Y hay momentos en los que siento que todo depende de los demás, de cómo me tratan, de si están a mi lado o no.

—Eduardo: La felicidad que depende de otros no es verdadera felicidad. No puedes poner tu paz interior en manos ajenas. Es como entregarles las llaves de tu vida. La felicidad auténtica nace de ti, de tu capacidad de estar en paz contigo mismo, de elegir cada día no dejar que nada ni nadie te arrebate esa paz.

—Luis: ¿Y qué pasa si los demás no entienden esto? A veces siento que las personas que amo no saben cómo apoyarme, y eso me frustra.

—Eduardo: No es que no te quieran, es que ellos también están lidiando con sus propias tormentas. No puedes esperar que te den una felicidad que ellos mismos no han encontrado. Debes ser tú quien cultive esa alegría, quien elija, día tras día, no permitir que lo externo determine tu bienestar interno.

—Luis: Entonces… la felicidad está en mis manos, ¿no es así?

—Eduardo: Siempre lo ha estado. Solo que a veces nos distraemos tanto con el ruido del mundo que olvidamos lo que realmente importa. La vida te dará retos, sí, pero también te dará momentos de belleza y serenidad. Depende de ti detenerte y reconocerlos. Porque la felicidad no es un destino al que llegar; es el camino que eliges recorrer, cada día, con consciencia y gratitud.

—Luis: Entonces… ¿el momento de ser feliz es ahora?

—Eduardo: Sí, ahora. Porque es lo único que tienes. El presente es el único lugar donde puedes sembrar la semilla de tu felicidad. Y cuanto antes lo hagas, más pronto verás florecer esa paz que siempre has buscado.

No había terminado la última palabra de nuestra conversación cuando Luis extendió su mano, tenía lagrimas en sus ojos y una mirada que expresaba gratitud, me dijo:

— ¿Te puedo dar un abrazo?, hace mucho necesitaba pensar sobre mi vida y mi felicidad, dejar de creer que soy una víctima, parar de centrarme en la tristeza y comenzar a ver hacia adelante. Gracias, espero en el futuro que nos volvamos a encontrar, veas el resultado positivo de tus palabras.

Luis camino hacia la parada el bus, se subió a la ruta 34, saludo al conductor y se despidió nuevamente moviendo su mano. Esbozando una pequeña sonrisa. Creo que lo había comprendido, estaba en sus manos ser feliz.

CAPÍTULO 4
"Construyendo un camino hacia la felicidad"

CONSTRUYENDO EL CAMINO DE MI FELICIDAD

La felicidad no es un destino con un solo camino preestablecido; es una senda que debes trazar con tus propias manos, construida a partir de las decisiones que tomas día a día. No hay un mapa universal que guíe a todos hacia la felicidad, pero existe en cada uno de nosotros el poder de construir nuestro propio sendero. Este es uno de los mayores regalos de la vida: la posibilidad infinita de elegir nuestros sueños y hacerlos realidad. Recuerda siempre que la vida misma es una oportunidad, una puerta abierta hacia innumerables posibilidades.

La vida te presenta oportunidades a diario, como un río que fluye constantemente, y en cada cruce de sus aguas, debes tomar decisiones. Pero, ¿es esto un problema? Desde que nacemos, tomamos decisiones, muchas veces de manera inconsciente, otras con plena conciencia. Lo hacemos a cada instante, lo que nos debería convertir en expertos en la toma de decisiones, ¿verdad? Sin embargo, la realidad es que, a pesar de nuestra vasta experiencia, a menudo nos encontramos tomando decisiones que no parecen llevarnos hacia nuestra felicidad. ¿Por qué? Porque esas decisiones, por lo general, no están conectadas entre sí, no forman parte de un plan coherente que nos guíe hacia nuestros sueños.

Entonces, surge la gran pregunta: ¿Cómo saber si estamos tomando las decisiones correctas? Solo tú puedes saberlo. Solo tú conoces la verdadera naturaleza de tu felicidad y cuáles son tus sueños. Nadie más tiene esa capacidad. Es por eso que, mientras no tengas claridad sobre hacia dónde quieres ir, seguirás tomando decisiones al azar, permaneciendo en el punto de partida, como si estuvieras atrapado en una carrera sin fin. Es fundamental que elijas, entre ese vasto mar de posibilidades que te ofrece la vida, la opción que te permita avanzar hacia el mayor grado de felicidad posible.

Pero, ¿cómo saber si estás caminando hacia tu felicidad? Lo sabrás cuando tengas una visión clara de lo que realmente significa ser feliz para ti y qué es lo que te proporciona esa felicidad. Cada decisión que tomes debe ser un paso, pequeño o grande, en la dirección de tus sueños. Este camino es único para cada persona. Tal vez en algún tramo de tu viaje te acompañen otras personas, seres queridos o amigos, pero debes recordar que sus caminos, al igual que el tuyo, son propios y distintos. No pretendas que alguien más camine por ti; tu felicidad es tu responsabilidad, y tu camino, solo tú puedes recorrerlo.

Entender que la vida es un regalo con fecha de caducidad, que algún día la oportunidad de vivir y construir tus sueños terminará, debe impulsarte a no detenerte en la construcción de tu propio camino. Cada día cuenta, y cada decisión que tomes es una oportunidad de avanzar.

Hace unos años, en una tranquila tarde de verano, dos amigos, Laura y Miguel, se encontraron en un parque. Laura había estado luchando con la sensación de estar estancada en su vida, mientras que Miguel parecía irradiar una serenidad y felicidad que Laura envidiaba.

—Laura: Miguel, he estado pensando mucho últimamente. Siento que no estoy avanzando en mi vida, como si estuviera dando vueltas en círculos. ¿Cómo lo haces? ¿Cómo logras mantener esa paz y felicidad?

Miguel sonrió, mirando a lo lejos como si recordara algo profundo.

—Miguel: ¿Sabes, Laura? No siempre fui así. Hubo un tiempo en que me sentía igual que tú. Me di cuenta de que estaba tomando decisiones al azar, sin un verdadero propósito. Sentía que hacía cosas simplemente porque debía hacerlas, sin preguntarme si me estaban acercando a lo que realmente quería.

—Laura: ¿Qué cambió?

—Miguel: Un día, un amigo me preguntó: 'Miguel, ¿qué es lo que realmente te hace feliz?' No supe qué responder. Me di cuenta de que no tenía claro cuál era mi felicidad. Así que decidí dedicar tiempo a descubrirlo. Reflexioné sobre lo que me apasionaba, lo que me llenaba el corazón de alegría. Y a partir de ese momento, cada decisión que tomé fue un paso hacia esa visión de felicidad. No fue fácil, pero fue liberador.

—Laura: ¿Y nunca dudaste? ¿Nunca tuviste miedo de estar tomando las decisiones equivocadas?

—Miguel: Por supuesto que dudé. El miedo es natural, pero entendí que la clave está en la claridad de propósito. Cuando sabes lo que quieres, cada decisión, por pequeña que sea, te impulsa hacia adelante. Aprendí a confiar en mi intuición y a no permitir que el miedo me detuviera. Y aquí estoy, aún construyendo mi camino, pero ahora con la certeza de que cada paso me acerca más a mi felicidad.

Laura reflexionó sobre las palabras de su amigo. Se dio cuenta de que, al igual que Miguel, debía clarificar su visión de felicidad y tomar decisiones alineadas con ella. Esa tarde, decidió que no seguiría estancada, sino que comenzaría a construir su propio camino hacia la felicidad.

TRES HÁBITOS PARA SER FELICES

La felicidad no es un destino, sino un arte que se cultiva. Es algo que no nos enseñan en las aulas, ni se encuentra en los libros de texto, pero está ahí, latente, esperando ser descubierto. Nos pasamos la vida persiguiéndola, creyendo que es una recompensa que llegará al final del camino, cuando hayamos hecho suficiente, logrado suficiente, o sido suficientes. Pero ser feliz se aprende, y es una lección que debemos enseñarnos a nosotros mismos.

Los problemas diarios, las exigencias de la vida moderna, nos arrebatan la felicidad con una sutileza tal que apenas lo notamos. Nos distraemos, nos ocupamos, y en ese ajetreo constante, la alegría se disuelve, se escapa entre los dedos como arena. Y cuando por fin encontramos un respiro, un momento para preguntarnos qué es lo que realmente nos hace felices, estamos tan agotados que el simple acto de pensar en ello parece imposible.

Pero la búsqueda de la felicidad no es opcional. Es una necesidad que se vuelve más urgente con el paso de los años. Ser felices es una responsabilidad que recae sobre cada uno de nosotros. Y si queremos acercarnos a ese anhelo, debemos empezar por cultivar tres hábitos fundamentales que nos guiarán hacia esa paz interna.

Dar

Dar es un acto poderoso, uno que muchas veces realizamos de forma automática, sin detenernos a reflexionar sobre su impacto. Sin embargo, dar es mucho más que entregar algo material; es compartir una parte de nosotros mismos con el mundo. Cuando damos, sembramos. Sembramos bondad, apoyo, comprensión, amor, y aunque no siempre podamos ver los frutos de lo que ofrecemos, podemos confiar en que nuestras acciones dejarán huella, en nosotros y en quienes nos rodean.

Cada vez que damos, algo en nuestro interior florece. No es necesario esperar reconocimiento o gratitud; el simple hecho de compartir lo que tenemos, de contribuir al bienestar de otros, es suficiente para llenarnos de una satisfacción silenciosa, pero profunda. Dar es sembrar con la certeza de que, en algún lugar, en algún momento, lo que plantamos crecerá, aunque quizás no seamos nosotros quienes veamos el fruto.

Cuando eliges dar, eliges conscientemente poner algo bueno en el mundo. Ese acto de sabiduría y generosidad traerá energía positiva a tu vida, iluminando tu camino con momentos de felicidad pura. Porque dar no es una obligación, es una elección, y en esa libertad reside su verdadera belleza.

Agradecer

La gratitud es una joya rara, una fortaleza invisible que nos ancla en lo que es esencial. A veces nos preguntamos, ¿por qué agradecer nos hace más fuertes? La respuesta es simple: quien agradece reconoce el valor de lo que ha recibido, entiende que nadie llega lejos solo, y que los lazos que construimos a lo largo de nuestra vida están sostenidos por ese agradecimiento genuino.

Pero la gratitud no solo fortalece las relaciones. Agradecer nos llena de una felicidad profunda, porque en el acto de reconocer lo que otros han hecho por nosotros, nos damos cuenta de que somos valiosos, de que somos dignos de ser ayudados, amados, apoyados. Y ese reconocimiento genera en nosotros una sensación de pertenencia, de conexión con el otro.

Para quien ofrece su ayuda, el agradecimiento es una confirmación de que su acto fue significativo. Es una chispa que mantiene encendida la llama de la bondad. Al recibir gratitud, sentimos que lo que dimos fue valorado, y eso nos inspira a seguir dando. Así, la gratitud se convierte en un ciclo de felicidad compartida, un intercambio de energía positiva que alimenta tanto al que da como al que recibe.

Vivir el presente

El pasado es un eco, el futuro es un sueño, pero el presente es donde respiramos, donde vivimos verdaderamente. Nuestra mente, sin embargo, tiene la extraña costumbre de aferrarse al pasado, de proyectarse hacia el futuro, llenándonos de preocupaciones, de miedos, de deseos no cumplidos. Pero en esa constante proyección, nos olvidamos de lo más importante: el aquí y el ahora.

Vivir el presente no es solo un acto de consciencia, es un acto de amor propio. Es permitirnos soltar las cargas que nos pesan, esas que arrastramos del pasado o que tememos del futuro. Al liberarnos de esas cadenas invisibles, podemos caminar más ligeros, más libres, y en esa ligereza reside la clave de la felicidad.

La vida es un río que fluye constantemente, y nosotros somos sus viajeros. No podemos detener el tiempo, pero sí podemos elegir cómo vivimos cada momento. Si aprendemos a saborear el presente, a abrazar cada día como un regalo único e irrepetible, descubriremos que la felicidad no está en lo que fue o en lo que será, sino en lo que es. Cada respiro, cada latido, cada instante, es una oportunidad para ser felices, si tan solo aprendemos a vivirlo plenamente.

Las cargas del pasado y los miedos del futuro son obstáculos que nos impiden disfrutar del milagro de estar vivos. Vivir con esperanza, disfrutando cada momento con atención y gratitud, nos permitirá encontrar la calma que tanto anhelamos, y esa calma, en sí misma, es la verdadera felicidad.

Tres hábitos: dar, agradecer y vivir el presente. Tres simples actos que, si los cultivamos día a día, nos acercarán más a esa felicidad que buscamos. Porque la felicidad no es un destino lejano, es un camino que se recorre con cada pequeño gesto, con cada decisión consciente. Florecer en la adversidad es posible cuando aprendemos a vivir con el corazón abierto y los ojos bien puestos en el presente.

SER FELIZ
SE APRENDE

Ser feliz se aprende, aunque nadie nos enseñe cómo. No es una asignatura que encontremos en el colegio, ni un conocimiento que obtengamos en la universidad. Sin embargo, es quizá la lección más importante que la vida nos ofrece, y nos corresponde a cada uno descubrirla, paso a paso, en nuestro propio camino.

A menudo, la felicidad parece escurrirse entre los dedos, silenciosa, mientras el peso de los días se apodera de nosotros. Los problemas, las responsabilidades y las exigencias del mundo nos roban esa chispa de alegría, sin que siquiera lo notemos. Nos adentramos en la rutina, dejamos que las distracciones llenen nuestros días, y en ese ruido constante, olvidamos preguntarnos: ¿Soy realmente feliz?

La vida se convierte en un torbellino de deberes y expectativas, y cuando por fin tenemos un respiro para pensar en lo que nos llena el alma, el cansancio es tan profundo que apenas podemos encontrar claridad. Es en esos momentos de agotamiento que la felicidad parece un sueño distante, una tarea imposible de alcanzar.

Pero aprender a ser feliz no es un lujo, es una necesidad. Conforme pasan los años, nos damos cuenta de que es una habilidad que debemos cultivar con el mismo esmero con que cuidamos un jardín. Cada día que pasa sin que sembremos las semillas de la felicidad en nuestras vidas, es un día que dejamos escapar algo esencial, algo que nos pertenece por derecho, pero que requiere de nuestra atención consciente.

La felicidad no es una recompensa que llega una vez resueltos todos los problemas. No espera al final de la carrera, no depende de tener la vida perfecta. Ser feliz es aprender a encontrar luz en medio de la oscuridad, a descubrir la belleza en lo simple, a sonreír aun cuando el viento sople en contra. Es saber que incluso en los momentos de mayor caos, existe un rincón dentro de nosotros donde siempre podemos encontrar paz.

Es un arte, una danza delicada entre el presente y nuestras emociones más profundas. Ser feliz es aprender a soltar lo que no podemos controlar, a abrazar el momento con gratitud, y a valorarnos lo suficiente como para darnos permiso de sentir alegría. No es un destino, es una forma de caminar, un estado de ser que creamos con nuestras decisiones diarias.

Nadie puede enseñarnos a ser felices porque la felicidad es única para cada ser. Lo que toca tu corazón puede no tocar el mío, y eso está bien. Pero lo que sí podemos hacer es observar, con el corazón abierto, y aprender de cada experiencia, de cada paso en falso, de cada pequeña victoria. La felicidad no está escondida en grandes logros, sino en los detalles que solemos ignorar: un amanecer, una risa compartida, el silencio de una tarde tranquila.

La vida no siempre será fácil, y los problemas seguirán apareciendo. Pero podemos elegir aprender de ellos, en lugar de permitir que nos arrebaten la paz. Podemos decidir que, incluso en los días grises, el brillo de nuestro corazón es más fuerte.

Y así, con el tiempo, nos damos cuenta de que ser feliz no es una tarea titánica, sino un acto de amor propio. Es recordar que la alegría no está en el futuro, ni en el pasado, sino en este preciso instante. Porque ser feliz se aprende... y cuanto más lo practicamos, más nos damos cuenta de que la verdadera felicidad ha estado siempre, desde el principio, dentro de nosotros.

Esta es una conversación que tuvo Carolina, una compañera de trabajo, hace unos años con su abuelo, y que le ayudo a concentrar sus energías en lo que realmente era importante para ella.

—Abuelo: ¿Te has dado cuenta de cuántas veces postergas tu felicidad?

—Carolina: Abuelo, lo intento, pero la verdad es que entre el trabajo, las obligaciones y todo lo demás, siento que no tengo tiempo para ser feliz. Como si siempre hubiera algo más importante que hacer.

—Abuelo: Eso es precisamente lo que quiero que entiendas. Ser feliz no es algo que llegue cuando hayas terminado todo lo demás. No es una recompensa al final del día o cuando todos tus problemas se hayan resuelto.

—Carolina: ¿Entonces qué es? Porque la verdad, a veces siento que la felicidad está tan lejos de mí, como si fuera algo imposible de alcanzar.

—Abuelo: La felicidad es como el viento: no siempre lo ves, pero lo sientes cuando te detienes a percibirlo. Es algo que tienes que aprender a cultivar. No depende de que todo en tu vida sea perfecto, sino de cómo eliges ver lo que tienes frente a ti, aquí y ahora.

—Carolina: Pero... ¿cómo puedo ser feliz con tantas cosas que van mal? Me siento abrumada y agotada. No es fácil encontrar un motivo para sonreír.

—Abuelo: La felicidad no es la ausencia de problemas. Al contrario, se trata de aprender a bailar bajo la lluvia. De mirar más allá de lo que te preocupa y descubrir las pequeñas cosas que iluminan tu día. A veces, lo único que necesitamos es cambiar el enfoque.

—Carolina: ¿Cambiar el enfoque?

—Abuelo: Sí. En lugar de centrarte en lo que no tienes, mira lo que sí tienes. En lugar de pensar en lo que falta, piensa en lo que ya has logrado. La felicidad no se aprende en los momentos perfectos, se aprende en la imperfección, en las batallas diarias, en encontrar luz en medio de la oscuridad.

—Carolina: ¿Y crees que realmente puedo aprender a ser feliz, incluso con todo lo que está pasando?

—Abuelo: Claro que puedes. La felicidad es un hábito, una decisión que tomas todos los días. No siempre será fácil, pero cada vez que elijas ver la vida con gratitud y alegría, estarás aprendiendo. Y con el tiempo, te darás cuenta de que no necesitas esperar grandes momentos para ser feliz. La felicidad está en lo pequeño: una conversación sincera, un atardecer, una risa inesperada.

—Carolina: Nunca lo había visto de esa manera... Pensaba que la felicidad llegaba cuando las cosas iban bien.

—Abuelo: No necesitas que todo esté bien para ser feliz. Necesitas aprender a ser feliz a pesar de todo. Es un arte que se perfecciona cada día, cuando eliges agradecer, cuando decides que aunque el mundo gire rápido y las responsabilidades te llamen, tú puedes detenerte y disfrutar del momento.

—Carolina: ¿Así que la felicidad es algo que puedo crear?

—Abuelo: Exactamente. No es un destino, es un camino. Y cuanto más lo practiques, más natural se volverá. Recuerda: ser feliz no es una tarea pendiente, es un regalo que te das a ti misma, hoy, en este instante.

CAPÍTULO 5
"Superando los obstáculos internos: Libérate"

LIBÉRATE DE LAS ATADURAS Y CARGAS QUE NO TE PERMITEN VOLAR

Cada carga que llevamos en el viaje de la vida añade un peso que con el tiempo, puede volverse insoportable. No es raro que, en lugar de avanzar ligeros y libres, carguemos con las experiencias dolorosas, los recuerdos negativos y las personas tóxicas que nos han lastimado. Estas cargas, como anclas invisibles, nos atan al suelo, impidiendo que nuestras alas se desplieguen plenamente.

Es fácil olvidar que aquello que es negativo en nuestra vida no solo nos frena, sino que también erosiona nuestra capacidad de crecer y evolucionar. Cada vez que permitimos que el resentimiento, la culpa, o el dolor se aferren a nosotros, ralentizamos nuestro progreso y perdemos de vista la luz que podría guiarnos hacia un futuro más brillante.

Para poder volar alto, es necesario dejar ir lo que nos lastima. Desprendernos de las personas, recuerdos y sentimientos que no nos aportan nada positivo, es un acto de valentía y amor propio. Es esencial permitir que en el espacio de nuestra vida solo queden los sentimientos que nutren nuestra alma, los recuerdos que nos llenan de alegría y las personas que con su influencia, sus enseñanzas y sus acciones, nos inspiran a ser mejores.

En un café tranquilo de la ciudad, María y Sofía, dos amigas de toda la vida, se encontraron después de mucho tiempo. María, visiblemente agotada, dejó escapar un largo suspiro mientras removía su taza de café.

—Sofía: María, te veo tan cansada. ¿Qué te tiene tan agobiada?

—María: Sofía, siento que no puedo avanzar. Es como si todo lo malo que me ha pasado se hubiera acumulado en mis hombros, y ahora no sé cómo soltarlo. No dejo de pensar en las personas que me han lastimado, en los errores que he cometido... Es como si todo eso me estuviera aplastando.

Sofía asintió, comprendiendo el dolor de su amiga.

—Sofía: Te entiendo. Pero, ¿alguna vez te has preguntado por qué sigues aferrada a esos recuerdos y personas que solo te hacen daño? ¿Qué pasaría si los dejaras ir?

María miró a su amiga con una mezcla de sorpresa y curiosidad.

—María: No sé, Sofía... Supongo que tengo miedo de soltar, de olvidar. Es como si al dejarlo ir, perdiera una parte de mí misma.

Sofía sonrió suavemente y tomó la mano de María.

—Sofía: María, soltar no significa olvidar o perder una parte de ti. Significa liberarte de aquello que te impide ser feliz. Imagínate a ti misma como un globo que desea volar alto, pero que está atado al suelo por cuerdas pesadas. Esas cuerdas son tus recuerdos dolorosos, las personas que te han hecho daño, los errores que sigues castigándote por cometer. Si cortas esas cuerdas, podrás elevarte y ver el mundo desde una perspectiva diferente, más ligera y llena de posibilidades.

María reflexionó sobre las palabras de Sofía.

—María: Pero, ¿cómo se hace eso Sofía? ¿Cómo se cortan esas cuerdas?

—Sofía: Empieza por perdonarte a ti misma, por perdonar a los demás. Reconoce que lo que ocurrió está en el pasado y que no puedes cambiarlo. Luego, decide conscientemente dejar de darle poder a esos recuerdos y personas sobre tu vida. Llena ese espacio con amor, con gratitud, con personas que te apoyan y te inspiran. Recuerda que tú mereces ser feliz, y para eso, debes liberar espacio en tu vida para lo que realmente importa.

María asintió lentamente, comprendiendo el mensaje de su amiga.

—María: Tienes razón Sofía. Es tiempo de cortar esas cuerdas y permitirme volar.

Ese día, María comenzó a tomar pequeñas pero significativas decisiones para liberar su vida de las cargas que la detenían. Poco a poco, sintió cómo su espíritu se aligeraba y cómo, por primera vez en mucho tiempo, podía ver el horizonte con claridad. Sofía había sembrado en ella la semilla del cambio, y ahora, María estaba lista para construir una vida libre y plena.

CAPÍTULO 6
"La fe en tiempos de adversidad"

10 CLAVES PARA MANTENER LA FE EN LOS MOMENTOS DIFÍCILES

La vida es un viaje lleno de retos y desafíos. A lo largo de nuestro camino, enfrentamos momentos que nos ponen a prueba, situaciones que nos obligan a cuestionar nuestra fuerza y nuestra fe. Sin embargo, sin importar cuán arduo sea el trayecto, la vida sigue siendo un regalo maravilloso y enriquecedor. Para superar con éxito todo lo que se nos presenta, es esencial aprender del pasado y fortalecer el ser que somos hoy a través de esos aprendizajes.

Nuestro pasado está repleto de lecciones que a menudo no logramos asimilar completamente. Por eso, repetimos los mismos errores una y otra vez. Nos encontramos atrapados en un ciclo de decepción y frustración, castigándonos por fracasos pasados, sin detenernos a extraer las enseñanzas que esos momentos dolorosos podrían ofrecernos.

Dejar que el pasado quede atrás es crucial para construir el futuro que deseamos. Sin embargo, no debemos olvidar que ese pasado contiene valiosas lecciones que necesitamos aprender para no cometer los mismos errores y avanzar. Todo está en ti: la sabiduría para tomar mejores decisiones, la fortaleza para construir tus sueños, y la voluntad para decidir cambiar, trabajar por tus metas y ser feliz.

Cada persona tiene el poder de construir su propio futuro. No esperes a que pase demasiado tiempo y tu vida llegue casi a su final para tomar la decisión de ser feliz. Tú recibiste el regalo de la vida con un propósito especial, y es tu deber descubrir cuál es y construir ese camino con cada paso, decisión y acción que tomas.

En esta guía, te presento 10 claves para mantener la fe en los momentos difíciles, herramientas que te ayudarán a construir dentro de ti a un ser que aprende del pasado, que crea su propio futuro a partir de lo que ya es, y que da lo mejor de sí para vencerse diariamente y convertirse en la mejor versión de sí mismo.

1. Mantén la calma. No eres la primera ni la última persona que se ha equivocado. Perder la calma solo contribuye a tu desesperación y no te permite ver con claridad. Recuerda que cada problema tiene solución, y si algo no tiene solución, entonces no es un problema, sino una situación que debe replantearse.

2. Cambia la perspectiva. Muchas veces, cuando estamos inmersos en situaciones difíciles, perdemos la perspectiva y no podemos ver claramente la solución. Cambiar la forma en que miras un problema puede abrirte a nuevas posibilidades.

3. Aplica los consejos que das a los demás. Somos expertos en aconsejar a otros, pero cuando se trata de nuestra propia vida, no es tan sencillo. Trata de ver tus problemas como si fueran de un amigo cercano y aplícate los mismos consejos que le darías a ellos.

4. Busca asesoría de expertos. No lo sabemos todo, y en situaciones difíciles, puede ser esencial consultar a personas o empresas con más experiencia. Aceptar ayuda es un signo de fortaleza, no de debilidad.

5. No te victimices. Ser una víctima solo alarga el proceso de toma de decisiones. Asume la responsabilidad de tus errores y deja de proyectar tus sentimientos de impotencia en los demás.

6. Todo tiene una explicación. Aunque es difícil de ver en el momento, cada situación complicada tiene un propósito y una lección. Reflexiona sobre lo que puedes aprender de la experiencia.

7. Reflexiona sobre la causa del problema. Para resolver un problema definitivamente, debes

entender sus causas. Conocer el "por qué" y el "cómo" de la situación te ayudará a encontrar la mejor solución.

8. Soluciona el problema de raíz. No coloques soluciones temporales. Los problemas tienden a crecer si no se resuelven completamente. Aborda la raíz del problema y elimina su causa.

9. Toma decisiones rápidas e inteligentes. El tiempo es valioso cuando enfrentas dificultades. No dejes que los problemas crezcan. Analiza la situación, evalúa tus opciones y actúa con rapidez y determinación.

10. Confía en ti mismo. Mantén la fe en tus capacidades. Recuerda que cada desafío es una oportunidad para crecer y fortalecer tu espíritu.

En un pequeño parque, bajo la sombra de un árbol, Carlos y su madre, Ana, se sentaron a conversar. Carlos estaba pasando por un momento difícil en su vida. Había perdido su trabajo recientemente, y la incertidumbre sobre el futuro lo tenía sumido en la desesperación.

—Carlos: Mamá, no sé cómo voy a salir de esta. Todo parece ir de mal en peor. Siento que he perdido el control sobre mi vida.

Ana lo miró con una expresión serena y comprensiva.

—Ana: Hijo, entiendo que estás pasando por un momento complicado. La vida tiene una forma curiosa de ponernos a prueba cuando menos lo esperamos. Pero quiero que recuerdes algo importante: este no es el final. Esto es solo una etapa más, una que te está preparando para algo más grande.

Carlos suspiró, intentando contener sus lágrimas.

—Carlos: Es que no veo la salida mamá. Todo lo que intento parece fracasar. ¿Cómo puedo mantener la fe cuando todo a mi alrededor se derrumba?

Ana le tomó la mano, apretándola suavemente.

—Ana: Carlos, la fe no se trata de tener todas las respuestas, sino de confiar en que, aunque no veas el camino ahora, estás siendo guiado hacia donde debes estar. Mantén la calma y cambia la forma en que ves tu situación. Recuerda lo que siempre le decías a tu hermana cuando estaba pasando por un mal momento: 'A veces, todo lo que necesitamos es un cambio de perspectiva'. Haz eso hijo. Míralo desde otro ángulo. Y si sientes que no puedes hacerlo solo, no tengas miedo de pedir ayuda. Nadie tiene que enfrentar sus luchas en soledad.

Carlos asintió lentamente, sintiendo una pequeña chispa de esperanza encenderse en su corazón.

—Carlos: Tienes razón mamá. Tal vez he estado viendo todo desde un punto de vista equivocado.

Es hora de cambiar la perspectiva y buscar nuevas soluciones. Gracias por recordarme que no estoy solo.

Ana sonrió, llena de orgullo.

—Ana: Nunca estás solo hijo. Siempre tendrás a alguien dispuesto a ayudarte, y sobre todo, siempre tendrás la fuerza dentro de ti para superar cualquier cosa que la vida te ponga enfrente.

CAPÍTULO 7
"Sueños, retos y soluciones"

ATRÉVETE A LUCHAR POR TUS SUEÑOS

El tiempo es un regalo valioso, pero también es finito. Cada día que pasa sin que luchemos por nuestros sueños es un día que se desvanece sin retorno, un día perdido en la posibilidad de construir la vida que anhelamos. Por eso, es fundamental que nos atrevamos a luchar por nuestros sueños todos los días, a pesar de las dificultades y los obstáculos que inevitablemente encontraremos en el camino.

Luisa y Daniel eran amigos de la infancia. Ambos tenían sueños grandes, pero a medida que crecían, sus caminos tomaron direcciones diferentes. Una tarde, mientras caminaban por un parque que solían visitar cuando eran niños, Luisa habló sinceramente con Daniel de algo que la aquejaba:

—Daniel, a veces siento que estoy desperdiciando mi vida —dijo Luisa, con una mezcla de frustración y tristeza en su voz—. Tenía tantos sueños, tantas cosas que quería hacer, pero ahora me encuentro atrapada en una rutina que no me llena. ¿Cómo llegué hasta aquí?

Daniel la miró con una sonrisa compasiva y respondió:

—Luisa, todos hemos pasado por eso. Yo también me sentí así en un momento. Pero recuerda aquella vez que decidí dejar mi trabajo estable para seguir mi pasión por la música. Todos me decían que estaba loco, que no podría hacerlo, que era demasiado arriesgado. Pero sabía que si no lo intentaba, me arrepentiría para siempre.

—¿Y cómo lo hiciste? —preguntó Luisa, intrigada.

—Daniel: Tuve que luchar contra mis propios miedos, contra las dudas que me atormentaban cada noche. Hubo personas que intentaron disuadirme, proyectando sus propios miedos en mí. Pero aprendí a identificar quiénes estaban realmente de mi lado y quiénes no. Dejé ir a las personas que no creían en mí, y me rodeé de aquellos que me apoyaban. No fue fácil, pero cada día que paso haciendo lo que amo, sé que valió la pena.

El camino hacia la realización de nuestros sueños no es sencillo. Está lleno de desafíos, y, a menudo, de personas que, por miedo o inseguridad, intentan desviarnos de nuestro propósito. Estas personas, consciente o inconscientemente, proyectan sus propias limitaciones en nosotros, buscando desanimarnos porque ellas mismas no se atreven a seguir sus propios sueños.

Es esencial que aprendamos a reconocer a estas personas y tomemos la decisión de alejarlas de nuestra vida si es necesario. No necesitamos más obstáculos de los que ya existen; lo que necesitamos es rodearnos de estímulos positivos y de personas que crean en nosotros y en nuestras capacidades.

Sin embargo, la lucha más difícil es la interna. Luchar contra nuestros propios miedos, prejuicios y paradigmas es una batalla que solo nosotros podemos librar. A menudo, estos son los mayores enemigos en nuestro camino hacia la felicidad y la realización personal.

Luisa abrazo a su amigo, se despidieron y cada uno siguió a su destino. Fue la conversación más profunda y sincera que habían tenido en los últimos años, ella había encontrado en las palabras de Daniel, una luz para seguir sus sueños.

SUPERANDO EL DESALIENTO

Cuando pasan los años y nos encontramos insatisfechos e infelices, es crucial reflexionar sobre cuándo y por qué abandonamos el camino hacia nuestros sueños. No es momento de culpas ni de reproches; la vida sigue su curso, y cada segundo cuenta. Lo importante es que reconozcamos que todavía estamos a tiempo de retomar ese camino.

Deja atrás el ego, que muchas veces solo sirve para alimentar nuestras inseguridades. En su lugar, nutre tu espíritu con amor propio y determinación. Rodéate de aquellos que te aman y creen en ti, y comienza el viaje hacia tu felicidad. No necesitas nada más que lo que ya tienes dentro de ti: la fuerza, la pasión y la capacidad para alcanzar tus sueños.

Luisa, inspirada por las palabras de Daniel, decidió finalmente dar el paso que había postergado durante tanto tiempo. Años después, al reencontrarse, ella le confesó con orgullo:

—Daniel, tomé la decisión de luchar por mis sueños. No ha sido fácil, pero cada día me siento más viva y en paz conmigo misma. Gracias por mostrarme que el camino hacia la felicidad empieza con una decisión: la de no rendirse jamás.

La vida es demasiado corta para no luchar por lo que realmente queremos. Los sueños no se alcanzan sin esfuerzo, pero cada paso que damos hacia ellos nos acerca a una vida más plena y satisfactoria. No importa cuántos obstáculos hayas enfrentado o cuántos más se presenten; lo que importa es que no te detengas. Atrévete a luchar por tus sueños, porque solo tú tienes el poder de hacerlos realidad.

Para Daniel, la mayor satisfacción fue ver la felicidad de su amiga, él sabía sobre los miedos y paradigmas que la detenían, y de la lucha que libró para superarlos. Sentía una mezcla de orgullo y alegría por ser parte de ellos, porque sus palabras y su ejemplo le habían permitido a ella darse cuenta, que también podía ser feliz.

CONSTRUIR LA SOLUCIÓN

Los problemas, por más complejos que sean, no son insuperables. Nos imponen retos que muchas veces nos hacen sentir abrumados, pero en medio de esa dificultad, se encuentra la oportunidad de construir soluciones sólidas y efectivas. Sin embargo, para lograrlo, es necesario entender que una solución no se impone, sino que se construye con paciencia, diálogo y compromiso.

¿Qué significa construir una solución?

Construir una solución implica algo más que simplemente resolver un problema; es un proceso de colaboración y entendimiento entre todas las partes involucradas. Establecer un canal de diálogo entre los actores que causan o generan el problema y quienes se ven afectados por él, es primordial para llegar a una resolución efectiva. Sin comunicación abierta y honesta, cualquier intento de solución se convierte en una imposición que, lejos de resolver, agrava la situación.

Ceder en algunos aspectos no es sinónimo de perder, sino de ser estratégicos y visionarios. Cuando cedemos, lo hacemos para encontrar un terreno común, un punto de acuerdo que permita avanzar hacia una solución que beneficie a todos. Las posiciones inflexibles, en cambio, sólo buscan imponer una visión o interés, lo cual puede llevar a una solución superficial que dejará descontentos a quienes se vean obligados a aceptarla. Esto no solo agrava el problema actual, sino que siembra las semillas de futuros conflictos.

Imagina a dos empresarios, Luz y Francisco, que tienen una disputa sobre los términos de una sociedad. Luz quiere mantener el control mayoritario, mientras que Francisco siente que su aporte no es reconocido adecuadamente. Ambos se encuentran en una encrucijada que podría llevar al fracaso de un negocio prometedor.

Un día, deciden sentarse a dialogar en un café.

—Luz, entiendo que quieres mantener el control mayoritario, pero también siento que mi esfuerzo y aportes no están siendo valorados —dice Francisco con tono calmado.

—Francisco, no se trata de menospreciar tu esfuerzo. Mi intención es asegurar que las decisiones clave se tomen de manera ágil y efectiva —responde Luz, tomando un sorbo de café.

—¿Y si compartimos el control en áreas donde cada uno tiene más experiencia? Podríamos dividir la responsabilidad según nuestras fortalezas —propone Francisco.

Luz reflexiona por un momento y luego asiente.

—Podría funcionar. Tú te encargarías de la parte operativa y yo de las decisiones estratégicas. Ambos tendríamos el control en nuestras áreas, pero mantendríamos una comunicación constante para asegurar que todo marche bien —concluye Luz.

A través de este diálogo, tanto Luz como Francisco ceden en ciertos aspectos, pero lo hacen para construir una solución conjunta que fortalece su sociedad y les permite avanzar con mayor confianza.

La clave para construir una solución efectiva reside en la capacidad de las partes involucradas para dialogar, ceder cuando es necesario y comprometerse con el proceso.

Cuando todos los actores trabajan juntos, se pueden generar consensos que no solo resuelvan el problema en cuestión, sino que también fortalezcan las relaciones y eviten futuros conflictos. Una solución construida en conjunto es más fuerte, duradera y capaz de enfrentar los desafíos que vengan.

ASUME EL RETO

A nuestras puertas, llegan oportunidades vestidas de incertidumbre, muchas veces disfrazadas de dudas y temores. Nos susurran en silencio, esperando que les abramos el corazón, pero las dejamos pasar. A veces, por miedo; otras, por esa traicionera falta de confianza que nos persuade de que no somos lo suficientemente buenos, o de que aún no es el momento adecuado.

Hemos permitido que tantas de estas oportunidades se escapen entre los dedos, que casi nos parece inofensivo dejar ir una más. La lista se alarga, como un manto de niebla que cubre nuestros sueños, y así, sin darnos cuenta, nos volvemos expertos en perder lo que nunca nos atrevimos a alcanzar.

Sin embargo, solo cuando el horizonte de posibilidades comienza a parecer vacío, es cuando el arrepentimiento nos visita con la cruda realidad de lo que pudo haber sido. Nos lamentamos, mirando hacia atrás, buscando entre los escombros de lo que dejamos pasar. Pero el tiempo, como el río, fluye sin detenerse, y el pasado es inamovible, imposible de retomar. No hay bálsamo que cure lo que ya se ha ido, pero tampoco sirve de nada cargar con ese lamento eterno.

Las oportunidades que no aprovechamos no son más que maestros disfrazados, lecciones que nos preparan para valorar lo que vendrá. Son el recordatorio de que la vida, en su infinita sabiduría, nos ofrece segundas, terceras y cuartas oportunidades, si sabemos cómo reconocerlas. Cada puerta que no abrimos nos invita a estar más atentos, más presentes, más dispuestos la próxima vez que la vida toque a nuestra puerta.

Ver las oportunidades perdidas como la cuota inicial de mejores decisiones es un acto de liberación, una manera de sanar. No se trata de lamentar lo que no fue, sino de aprender de lo que no hicimos. Cada vez que una nueva oportunidad se presente, debemos recordar esas ocasiones en las que no nos sentimos preparados, y aun así atrevernos. Porque la verdad es que nunca estaremos completamente listos. Nadie lo está. Ni siquiera aquellos que parecen tener todo bajo control.

Los grandes hombres, los líderes, los visionarios, todos han tenido momentos en los que no sabían si tenían la capacidad de enfrentar el reto. Pero ellos entendieron algo esencial: no necesitas tener todas las respuestas antes de comenzar. A veces, lo único que se requiere es el valor de dar el primer paso. Por eso los sabios se rodean de equipos, de mentores y asesores; porque el éxito no es una cuestión de saberlo todo, sino de saber cuándo actuar, cuándo confiar en uno mismo y cuándo aprender de los demás.

Y en esa misma medida, la experiencia y la madurez no llegan con un número de años o con un conjunto de logros. La madurez se forja en la fragua de los errores, en el campo de batalla de las decisiones difíciles, en los caminos que elegimos transitar a pesar del miedo. Nadie sabe cuándo ha alcanzado la madurez suficiente, porque no hay un punto de llegada claro. Pero cada oportunidad que se deja pasar, cada día en que nos lamentamos por no haber dado ese salto, debe ser un impulso para el siguiente reto.

No seas tú mismo el arquitecto de tus limitaciones, no seas la barrera que impide que tus sueños se hagan realidad. Solo superando esos retos y desafíos, y sobre todo, superándote a ti mismo, podrás alcanzar lo que anhelas. La adversidad, las puertas cerradas, las oportunidades perdidas, todas ellas son parte del viaje. Son los ladrillos con los que construirás tu fortaleza interior.

No temas fallar, no temas equivocarte. La vida está hecha de intentos, de pasos en falso y de caídas. Pero también está llena de nuevos comienzos, de oportunidades que vuelven a aparecer, quizá no con la misma forma, pero siempre con la misma esencia. No dejes que el miedo a fallar te impida intentarlo. Recuerda que el mayor obstáculo no es el mundo exterior, sino las barreras que colocamos en nuestro propio interior.

Cuando llegue el momento de enfrentar una nueva oportunidad, recuerda las que dejaste pasar, pero no con tristeza, sino con la sabiduría de quien ha aprendido. Y entonces, ábrete a lo que viene, con los brazos extendidos y el corazón dispuesto. Porque solo superando esos temores internos, cruzando esas puertas que una vez te asustaron, descubrirás que en el otro lado siempre había más de lo que imaginabas.

Las oportunidades no desaparecen; simplemente cambian de forma, esperando que estés listo para recibirlas. Confía en que la próxima puerta que toques te llevará un paso más cerca de aquello que tanto has deseado.

CAPÍTULO 8
"El amor y las relaciones como pilares de la felicidad"

AMA EN LIBERTAD

La libertad en el amor es el pilar sobre el que se construye la verdadera felicidad, pues un amor que no es libre se transforma en una prisión silenciosa. Amar y ser amado implica mucho más que un sentimiento pasajero, es una elección consciente que hacemos cada día. Es la decisión de ser tú mismo, sin máscaras, sin fingir, sin dejar de ser la persona que eres para agradar a otro. Porque el amor que requiere disfraces no es amor, es una ilusión que con el tiempo se desmorona bajo el peso de la verdad no dicha.

Cuando nos permitimos ser auténticos, cuando dejamos que nuestras imperfecciones salgan a la luz y nos mostramos tal como somos, entonces el amor tiene la posibilidad de ser verdadero. No puede haber amor genuino donde hay mentiras o apariencias. ¿De qué sirve conquistar a alguien siendo una versión falsa de nosotros mismos? El precio de mantener esa fachada es la pérdida de nuestra propia esencia, de nuestra libertad.

El amor, cuando es puro, no ata, no domina, no exige posesión. El amor no conoce de cadenas ni de imposiciones. No se trata de tener al otro bajo control, ni de ser dueño de sus decisiones o su tiempo. Amar no te convierte en dueño de nadie, y ser amado no te convierte en la propiedad de alguien más. El verdadero amor fluye como un río, libre y poderoso, sin barreras que lo contengan, sin muros que lo aprisionen.

Libertad para elegir quedarse por amor, porque solo el amor que se elige libremente es el que tiene el poder de transformar nuestras vidas. Y libertad para partir cuando ese amor ya no esté, porque quedarse por miedo, por dependencia o por obligación no es vivir, es renunciar a la dignidad de uno mismo. El amor no puede ser una cárcel de la que no podemos escapar, ni una cadena que nos amarra a quien no nos valora.

No podemos forzar a alguien a amarnos, ni podemos ser forzados a amar a alguien más. El amor es una flor que crece en la tierra fértil de la libertad, no en los terrenos baldíos de la imposición. No podemos rogar por cariño, ni mendigar por atención. El amor que nace desde la libertad es abundante, generoso, y está siempre dispuesto a dar sin esperar nada a cambio. Es un amor que respeta, que cuida, que protege, pero que nunca aprisiona.

La libertad en el amor también es el espacio para dejar fluir nuestros sentimientos, para ser nosotros quienes elijamos cómo deseamos ser amados, y cómo deseamos amar. En esta libertad reside la esencia de todo lo que somos, porque solo en libertad podemos explorar los matices profundos de nuestra alma. Libertad para pedir respeto, pero también para ofrecerlo, porque en un amor verdadero, el respeto es el lenguaje sagrado que ambos deben hablar.

Es un acto de valentía amar desde la libertad, porque significa aceptar que la otra persona también tiene la posibilidad de partir. Pero en esa posibilidad reside la magia del amor libre: elegir cada día quedarse, no porque no haya otra opción, sino porque el amor que compartimos es lo suficientemente fuerte y generoso como para alimentar nuestras almas.

Libertad para amarnos solo por una parte de nuestro camino, si eso es lo que la vida nos depara, o para amarnos durante toda la vida, si así lo elegimos. Porque el amor no siempre tiene que ser eterno para ser verdadero, pero siempre debe ser libre para ser genuino. Es en esta libertad donde se forjan los lazos más profundos, los que no necesitan promesas vacías, sino actos cotidianos de entrega, respeto y comprensión.

El amor libre no conoce del miedo a perder. Conoce solo de la alegría de compartir, de dar y recibir sin esperar posesión. Porque amar y ser amado no es aferrarse, sino acompañarse, permitiendo que ambos florezcan en su propio ser. En esa libertad compartida, encontramos la paz de saber que somos elegidos, no por obligación, sino por amor.

Libertad para amar sin límites, para dejar que el corazón se expanda, para ser nosotros mismos y dejar que el otro sea quien realmente es. Libertad para amar y ser amados, porque solo en esa libertad el amor puede alcanzar su máxima expresión, y así, ser el refugio donde ambos corazones se encuentren y vuelen juntos, sin ataduras, sin miedos, solo amor.

Lorena, una joven bloguera de viajes me contó sobre una conversación que tuvo con un monje tibetano en uno de sus viajes:

—Monje: Dime, ¿qué significa para ti el amor?

—Lorena: Supongo que es estar con alguien que te haga sentir completo, que te cuide y esté siempre a tu lado.

—Monje: ¿Y qué sucede si esa persona decide irse o no puede estar contigo de la manera que esperas?

—Lorena: No lo había pensado... Sería difícil, doloroso. Pero, si es amor, ¿no debería mantenerse a pesar de todo?

—Monje: El verdadero amor no se trata de aferrarse, sino de acompañarse en libertad. Amar no es poseer a alguien, ni esperar que esa persona esté a tu lado siempre para llenar tus vacíos. El amor que se da libremente es el más puro, porque no necesita de cadenas ni condiciones para existir.

—Lorena: Pero si amas a alguien, ¿no quieres que esa persona esté siempre contigo?

—Monje: Es natural desear la compañía de quienes amamos, pero el amor no puede ser una prisión. Si pides a alguien que se quede, debe ser porque lo elige libremente, no porque lo retienes. El amor verdadero respeta la individualidad, no trata de controlar ni de cambiar. ¿Cómo podría alguien ser feliz si se siente atrapado, obligado a permanecer por compromiso o miedo?

—Lorena: ¿Entonces amar es dejar ir si es necesario?

—Monje: Exactamente. El amor que no impone, que no exige, es el que florece. Es permitir que la otra persona sea quien es, con sus sueños, sus propios caminos, y aún así, elegir caminar juntos por un tiempo o toda la vida. Pero siempre desde la libertad de ser, de crecer, de volar sin miedo a ser retenido.

—Lorena: ¿Y si el otro decide irse? ¿No sería eso un fracaso?

—Monje: No lo es. A veces, los caminos se separan, pero eso no significa que el amor haya fracasado. El amor es como un viaje compartido: puede durar un tramo corto o extenderse por toda la vida. Lo importante es que, durante ese tiempo, ambos se sientan libres para ser quienes son, sin ataduras ni resentimientos. El amor que se basa en la libertad nunca termina en fracaso, porque lo que se vivió fue auténtico.

—Lorena: Nunca lo había visto de esa manera... Pensé que amar era siempre querer estar juntos.

—Monje: El deseo de estar juntos es natural, pero no puede convertirse en una necesidad desesperada. El amor más profundo es aquel que te da alas, que te permite ser tú mismo sin miedo a perder al otro. No necesitas retener a quien realmente te ama, porque esa persona elige quedarse. Y si algún día decide partir, también es un acto de amor respetar su libertad.

—Lorena: ¿Entonces la clave está en no aferrarse?

—Monje: Así es. El amor no puede florecer donde hay posesión, solo donde hay libertad. La libertad en el amor no significa ausencia de compromiso, sino la posibilidad de elegir ese compromiso cada día. Elegir estar juntos, apoyarse, respetarse, pero siempre desde un lugar de libertad y confianza mutua. Y cuando te amas a ti mismo de esa manera, atraes un amor que es igualmente libre y generoso.

—Lorena: Suena más sencillo de decir que de hacer. ¿Cómo aprendo a amar así?

—Monje: Empieza por amarte a ti misma, por respetar tu propia libertad. No busques en el otro lo que debes encontrar en tu interior. Cuando aprendas a ser feliz contigo misma, a valorar tu propia compañía, dejarás de necesitar que otro llene esos espacios. Y entonces, el amor que ofrecerás será pleno, porque no dependerá de las ataduras, sino de la elección consciente de compartir tu vida con alguien, sin perder tu esencia.

—Lorena: ¿Y si encuentro a alguien que no entiende esa libertad?

—Monje: Entonces tu amor debe ser lo suficientemente fuerte como para respetar sus tiempos y procesos. No todos entienden la libertad en el amor de la misma manera, pero si ambos se esfuerzan por construir una relación basada en el respeto mutuo, con el tiempo comprenderán que amar no es poseer, sino permitir que ambos florezcan, individualmente y juntos.

—Lorena: Parece que el verdadero amor es más profundo de lo que imaginaba.

—Monje: Lo es. Porque amar en libertad no es fácil, pero es el único camino hacia un amor duradero y sincero. Un amor que no exige, que no retiene, que no limita. Un amor que se elige cada día, porque no hay nada más hermoso que amar y ser amado sin miedo, sin condiciones, solo desde la verdad de lo que somos.

La forma de ver el amor cambió para Lorena después de esta conversación y comprendió que para poder amar, lo principal, es aprender amarse a uno mismo.

NO PERMITAS QUE TE LASTIMEN

A veces, sin darnos cuenta, permitimos que las personas nos lastimen, nos desvaloricen, y nos maltraten. La pregunta que surge entonces es: ¿Por qué lo permitimos?

A lo largo de nuestra vida, hemos sido bombardeados con información y estereotipos que la sociedad, los medios de comunicación, nuestras familias, parejas, compañeros, amigos, y colegas aceptan e imponen.

Poco a poco, perdemos amor propio, pues comenzamos a basar nuestra autoestima en lo que los demás ven y creen de nosotros, en lugar de enfocarnos en lo que realmente somos.

Permitimos que nos lastimen porque, en algún nivel, llegamos a creer que nos lo merecemos, que las críticas y ofensas que recibimos son justificadas. Pero esto está lejos de la realidad. Cada uno de nosotros es único y diferente; no vinimos al mundo para ser iguales ni para encajar en moldes impuestos por otros.

Estamos tan ocupados intentando agradar a los demás, buscando validación externa, que olvidamos lo más importante: agradarnos a nosotros mismos. Olvidamos que el amor propio es el pilar sobre el cual se construye una vida plena. No es lo que los demás piensen de nosotros lo que importa, sino cómo nos vemos y valoramos a nosotros mismos.

En un café de la ciudad, Mercedes y Sandra, dos amigas de muchos años, se encuentran para conversar después de un tiempo sin verse. Mercedes se ve visiblemente afectada, y Sandra, siempre atenta, no tarda en darse cuenta.

—Sandra: Mercedes, te noto diferente. ¿Estás bien?

—Mercedes: No lo sé, Sandra. He estado sintiendo que todo lo que hago está mal. En el trabajo, en casa, incluso con mis amigos... es como si nada de lo que hago fuera suficiente.

—Sandra: ¿Por qué dices eso? Tú siempre has sido una persona fuerte y capaz. ¿Qué te ha hecho sentir así?

—Mercedes: Es la manera en que la gente me trata, lo que dicen de mí. Mi jefe siempre me critica, mi familia me compara con otros, y últimamente, ni siquiera mis amigos parecen apoyarme. Me siento pequeña, insignificante.

—Sandra: Mercedes, ¿has pensado que quizás les has dado demasiado poder sobre ti? Has permitido que sus opiniones definan cómo te sientes contigo misma.

—Mercedes: Pero, ¿cómo no hacerlo? Es difícil no tomar en cuenta lo que dicen cuando es constante.

—Sandra: Lo sé, es difícil. Pero lo que realmente importa es cómo te ves a ti misma. Tú eres la única que conoce tu verdadero valor. No dejes que otros te hagan dudar de ti. No permitas que te lastimen porque, en el fondo, sabes que no mereces ese trato.

—Mercedes: ¿Y cómo hago para cambiar eso?

—Sandra: Comienza por amarte a ti misma, por recordarte cada día lo valiosa que eres. Deja de intentar agradar a los demás y empieza a agradarte a ti. Es un camino que toma tiempo, pero es el único que te llevará a la verdadera felicidad.

Es de vital importancia no permitir que las opiniones de los demás nos definan o nos lastimen. Mercedes, como muchos de nosotros, ha caído en la trampa de buscar la validación externa, pero Sandra le recordó que el verdadero poder radica en cómo nos vemos a nosotros mismos. Dejar de permitir que otros nos lastimen es el primer paso hacia una vida llena de amor propio y autenticidad.

CAPÍTULO 9
"El apoyo familiar como base de fortaleza"

5 CONSEJOS PARA RECIBIR Y CONSERVAR EL APOYO DE NUESTRA FAMILIA

"Dadme un punto de apoyo y moveré el mundo."
— Arquímedes de Siracusa

Esta frase de Arquímedes, aunque fue pronunciada hace más de dos mil años, sigue resonando con la misma fuerza en los corazones de quienes entienden el valor del apoyo. Arquímedes se refería a la palanca, esa herramienta que permite mover lo inmóvil, levantar lo pesado y lograr lo que a simple vista, parece imposible. En nuestras vidas, ese punto de apoyo no es más que nuestra familia, nuestra ancla emocional y la palanca que nos ayuda a mover el mundo, a despejar nuestros cielos y construir nuestros sueños.

La familia, ese primer refugio al que acudimos cuando el viento sopla en nuestra contra, es la fuerza más poderosa que poseemos. En sus brazos encontramos no solo consuelo, sino también, la energía necesaria para avanzar cuando sentimos que el peso del mundo nos supera. Es el apoyo más real, más sincero y más incondicional que podemos tener en este viaje incierto llamado vida.

La familia será siempre nuestro punto de partida, donde iniciamos nuestras primeras batallas, y también será nuestro lugar de llegada, cuando la vida nos golpee y nos veamos obligados a regresar, a veces heridos, otras veces más fuertes. Pero siempre, sin importar las circunstancias, allí encontraremos un abrazo cálido, un consejo, una palabra de aliento, o simplemente la presencia reconfortante de quienes nos aman sin condiciones.

Recuerdo decirles a mis alumnos: "Si no tienen claro hacia dónde quieren ir, lo más seguro es que con el tiempo, terminen volviendo a donde todo comenzó: la casa de sus padres." Porque es cierto que la vida, en su constante movimiento, nos lleva a veces de vuelta a nuestros orígenes, a esa fuente inagotable de amor que es nuestra familia. Incluso en los momentos en que creemos que no tenemos apoyo, siempre habrá algún miembro de nuestra familia dispuesto a tendernos la mano, a ofrecernos su fuerza, su sabiduría y su fe en nosotros.

El apoyo no siempre se mide en dinero o en recursos materiales. A veces, el apoyo más grande que podemos recibir es un simple "Tú puedes", un abrazo sincero cuando todo parece derrumbarse, o un consejo sabio que nos devuelve la claridad en medio del caos. El amor incondicional que proviene de nuestra familia es la palanca que nos impulsa hacia adelante, aún cuando nuestros pies vacilan.

Es posible que en la búsqueda de tus sueños, no todos los miembros de tu familia comprendan tu camino o aprueben tus decisiones. Y está bien. La verdadera esencia del apoyo familiar no radica en la comprensión absoluta, sino en el tiempo. Porque cuando te vean feliz, cuando perciban que lo que haces te llena de vida y propósito, muchos de ellos, tarde o temprano, terminarán brindándote el apoyo que tanto anhelabas. Y si no ocurre, recuerda que está bien también. La vida no se trata de convencer a todos, sino de seguir adelante con quienes caminan a tu lado, aunque a veces seamos los únicos que entendemos nuestro destino.

Cinco consejos para recibir y conservar el apoyo de tu familia

Recuerda siempre estos cinco principios que no solo te ayudarán a recibir el apoyo de tu familia, sino también a honrarlo y mantenerlo a lo largo del tiempo.

No hay mayor orgullo que el que se siente cuando sabes que quienes te aman se sienten orgullosos de ti, y no hay mayor fuerza que la que se obtiene cuando caminas sabiendo que tu familia está contigo, en espíritu o en presencia.

1. Respeto: Es la base sobre la cual se construyen las relaciones familiares. Ser merecedor del apoyo recibido implica honrar el esfuerzo que tu familia ha hecho por ti, respetar sus valores, sus enseñanzas y las raíces que te han dado fuerza. El respeto no solo es hacia ellos, sino hacia ti mismo, hacia tu propio camino. Porque el respeto que te otorgas a ti mismo es también una forma de agradecerles.

2. Gratitud: Es el alma del apoyo familiar. Cuando la vida sea generosa contigo o cuando enfrentes tiempos difíciles, nunca olvides a aquellos que han estado a tu lado. La gratitud no se expresa solo con palabras, sino con acciones, con el reconocimiento silencioso de que tus pasos están cimentados en la fe que ellos depositaron en ti. Agradecer no es solo decir "gracias", es vivir de manera que tus logros reflejen el amor y la confianza que recibiste.

3. Da tu mayor esfuerzo: El apoyo de tu familia es un regalo precioso, pero también un compromiso. Cuando ellos te brindan su apoyo, esperan que lo aproveches al máximo. No hay nada que les cause mayor alegría que verte luchando por tus sueños, entregando lo mejor de ti. Dedica tu energía, tu concentración y tu pasión a aquello que has decidido emprender. Que tu esfuerzo sea una forma de honrar el apoyo que te han brindado.

4. Lealtad: Es un valor inquebrantable. Ser leal a tu familia significa ser fiel a los principios que te inculcaron, ser honesto en tus decisiones y man-

tenerte firme en los momentos de adversidad. La lealtad no se trata solo de permanecer, sino de hacerlo con amor y sinceridad, devolviendo siempre el apoyo que te han dado, en cada pequeño gesto y decisión que tomes.

5. Responsabilidad: Cuando recibes el apoyo de tu familia, adquieres una responsabilidad. No es solo tu sueño lo que estás persiguiendo, es también el reflejo de sus esperanzas y de su fe en ti. Ser responsable significa tomar cada decisión con cuidado, sabiendo que tus acciones no solo te afectan a ti, sino también a aquellos que han depositado su confianza en ti. Es una responsabilidad que debes llevar con orgullo, sabiendo que, al cumplir con tus metas, estás honrando el apoyo incondicional que te ha sido otorgado.

CAPÍTULO 10
"La honestidad como clave para la paz interior"

MENTIR ES PER- DER LA PAZ QUE TE DA LA VERDAD

La mentira es un oscuro velo que, al caer sobre nosotros, nos envuelve en un estado de constante alerta, donde nada bueno puede florecer. Es como una sombra que oscurece nuestros días, robándonos la paz, la tranquilidad y el descanso del alma. Nos conduce al abismo de la angustia, donde el eco de nuestras propias acciones nos persigue, atormentando nuestra consciencia en el silencio de la noche, robándonos horas de sueño y serenidad.

Mentir no solo es un acto que engaña a los demás, sino también a nosotros mismos. Es como cargar una pesada cadena de la cual cada eslabón es un recordatorio de lo que hemos hecho, de las palabras no dichas, de las promesas rotas y los lazos quebrantados.

Al principio, el primer eslabón puede parecer liviano, casi insignificante, pero con cada mentira, con cada paso en falso, la cadena crece, haciéndose cada vez más difícil de soportar. Es un peso que llevamos en nuestra consciencia, un grillete que no se romperá hasta que la verdad finalmente salga a la luz.

La mentira nos hace prisioneros de nosotros mismos, nos encierra en un laberinto de nuestras propias acciones y decisiones. En ese laberinto, cada paso que damos nos aleja de la tranquilidad que tanto anhelamos, de la paz interior que nos permite respirar con libertad. Cada palabra no dicha, cada verdad escondida, es una piedra más en el muro que construimos alrededor de nuestro corazón, un muro que nos aísla de lo que más amamos y de quienes más amamos.

Es inevitable, todos cometemos errores. Errores que nos llevan, en ocasiones, a perder lo que más valoramos en la vida. Y a menudo, la mentira surge como una respuesta a esos errores, una forma desesperada de cubrir lo que no queremos que los demás vean. Pero la verdad, aunque a veces parece dura e implacable, es el único camino hacia la libertad. Porque una mentira solo puede sobrevivir si le seguimos alimentando con más falsedades. Pero al igual que cualquier cadena, puede romperse. La diferencia radica en cómo elegimos hacerlo: podemos seguir arrastrando ese peso hasta que ya no podamos más, o podemos ser valientes y decidir liberarnos antes de que la verdad nos alcance por su cuenta.

Decidir ser honesto, incluso después de haber mentido, es una de las decisiones más difíciles pero también más poderosas que podemos tomar. Porque recobrar la libertad que nos otorga la verdad es un acto de valentía, un acto de amor propio y hacia los demás. Aunque las consecuencias puedan parecer devastadoras, el regalo de la paz interior es invaluable. No hay cadena más fuerte que la que llevamos en nuestra mente cuando mentimos, y no hay alivio más grande que cuando finalmente decidimos dejarla atrás.

La verdad no solo nos libera de las mentiras, sino también de las cargas emocionales y espirituales que vienen con ellas. Nos permite vivir con autenticidad, abrazando nuestras imperfecciones y aceptando que somos seres humanos, falibles, pero capaces de redención. Volver a estar en paz con nosotros mismos es imprescindible para avanzar, para sanar las heridas que las mentiras han causado y, sobre todo, para aprender una lección valiosa: que la verdad es la mejor decisión que podemos tomar, no solo por los demás, sino por nosotros mismos.

Mentir puede parecer, en el momento, la salida más fácil. Pero lo que no vemos es que con cada mentira estamos cavando un pozo del cual, tarde o temprano, tendremos que salir. Y solo la verdad nos dará la escalera para ascender de nuevo hacia la luz. A veces, tememos las repercusiones de la verdad, pero es más temible aún el peso que la mentira nos impone.

La verdad puede doler, sí, pero ese dolor es momentáneo; en cambio, el dolor de la mentira nos acompaña a cada paso, robándonos poco a poco nuestra libertad, nuestra paz, y nuestra esencia.

Así que, cuando te enfrentes al dilema de la mentira o la verdad, recuerda que la mentira es una prisión y la verdad una liberación. Opta por la verdad, por ti mismo, por tu paz, por tu libertad. Porque vivir en paz con lo que somos, con nuestras decisiones, con nuestra historia, es el mayor regalo que podemos darnos. Y es solo a través de la verdad que podemos alcanzar esa paz duradera, esa tranquilidad que tanto anhelamos en nuestro corazón.

Al finalizar una de mis conferencias se me acerco Clara, una mujer alta, trigueña de ojos claros, quien era la directora de una compañía agrícola. Me agradeció efusivamente por la charla y me hizo una confesión. Había conocido a un empresario del sector en el que ella trabajaba, se había enamorado y todo había terminado en una situación en la que le fue infiel a su esposo. Ella terminó esa relación, pero el sentimiento de culpa no la dejaba tranquila.

—Clara: Me siento atrapada… Es como si algo dentro de mí no me dejara respirar. Cada vez que cierro los ojos, la culpa me invade. No puedo seguir así.

—Eduardo: Lo que sientes es el peso de la mentira, Clara. Es una carga invisible que, aunque nadie más la vea, tú la llevas contigo. Es una prisión que construimos con cada palabra no dicha, con cada verdad que evitamos.

—Clara: Pero, ¿cómo puedo liberarme de esto? Siento que si digo la verdad, perderé todo lo que he construido. ¿Y si me rechaza? ¿Y si todo cambia para mal?

—Eduardo: La verdad es un riesgo, sí, pero también es la única llave que abre la puerta de esa prisión en la que te encuentras ahora. Seguir ocultando lo que sientes, lo que realmente pasó, te hundirá más profundo. Y la vida no se trata de esconderte, sino de liberarte.

—Clara: ¿Pero qué tal si el dolor es demasiado? ¿Y si las personas que amo no me perdonan?

—Eduardo: El dolor de la verdad es pasajero, pero el de la mentira es eterno, Clara. Las personas pueden necesitar tiempo para entender, pero la verdad siempre ofrece la oportunidad de sanar. Cuando eres honesta, aunque duela, estás eligiendo la paz sobre el sufrimiento a largo plazo. Porque la mentira, por mucho que creamos que nos protege, nos quita lo más valioso: nuestra tranquilidad y nuestro ser.

—Clara: Pero… ¿cómo enfrentas esa verdad? ¿Cómo encuentras la valentía?

—Eduardo: La valentía no está en no sentir miedo, sino en actuar a pesar de él. Piensa en esto: ¿Prefieres vivir con la angustia constante de ser descubierta, o prefieres el alivio de saber que, pase lo que pase, ya no te debes nada a ti misma ni a nadie más? Cada mentira que sostienes es una piedra más en tu pecho. Y cada verdad que decides contar es una piedra que sueltas. La verdad te devuelve algo que nadie más puede darte: tu libertad.

—Clara: Nunca lo había pensado así. Creía que la verdad me haría perderlo todo, pero ahora entiendo que al mentir ya estoy perdiendo lo más importante: mi paz.

—Eduardo: Exacto. No se trata solo de lo que los demás piensen o hagan. Se trata de ti, Clara. De tu alma, de tu serenidad. Al final del día, somos nosotros quienes vivimos con las decisiones que tomamos. Y la verdad, aunque sea difícil, siempre es el camino hacia esa libertad que tanto anhelamos. No es fácil, pero es necesario.

—Clara: Tienes razón… Es hora de romper estas cadenas. Es hora de liberarme de mi propia prisión. Ya no quiero vivir con este peso.

—Eduardo: Ese es el primer paso. La verdad no solo te liberará de los errores del pasado, sino que te dará la oportunidad de escribir una nueva historia, una sin sombras. No lo olvides: es en la verdad donde encontramos la paz que tanto buscamos.

Después de ese día, nos volvimos amigos cerca-
nos, ella habló con su esposo y le contó la verdad
de lo que había pasado, era un bache de la relación que sin darse cuenta llevo a ambos a los brazos de otras personas, ya que Alfredo, el esposo de
Clara, le confesó cuando hablaron que él también
había hecho lo mismo. Se dieron un tiempo para
sanar, y después de unos meses decidieron apostar
por continuar juntos, hoy tienen una preciosa hija
y una buena relación de pareja.

CAPÍTULO 11
"La paciencia y la perseverancia para alcanzar tus metas"

TEN PACIENCIA, LOS RESULTADOS LLEGARÁN

La paciencia es una virtud subestimada en un mundo que corre a mil por hora, donde todo parece medirse por la rapidez con la que se alcanzan las metas. Sin embargo, es en la paciencia donde reside el verdadero poder de los logros duraderos. Los grandes sueños no se forjan de la noche a la mañana, sino a través de la constancia, la perseverancia, la resistencia, el esfuerzo, la dedicación, el compromiso, la responsabilidad, la honestidad y la entereza. Pero sin paciencia, todas estas virtudes se desmoronan, pues es ella la que sostiene la espera, la que permite que el tiempo juegue a nuestro favor, convirtiendo cada esfuerzo en una pieza esencial del rompecabezas de nuestras vidas.

En un mundo que premia lo inmediato, ser paciente es una de las mayores pruebas de fortaleza interior. Cuando otros se desesperan, el paciente mantiene la calma, confiado en que los frutos llegarán a su debido tiempo. Esta espera, lejos de ser una simple pasividad, es una acción consciente y deliberada que nos conecta con la esencia de lo que realmente importa.

Consideremos la historia de Lina y Adolfo, una pareja de jóvenes agricultores que soñaban con convertir su pequeña finca en un próspero negocio familiar. Durante años, trabajaron incansablemente, sembrando y cosechando, enfrentando adversidades climáticas y económicas. Hubo momentos en los que todo parecía perdido, en los que el esfuerzo no parecía rendir frutos.

—Adolfo, ¿y si todo este trabajo no vale la pena? —preguntó Lina una tarde, mientras observaba las nubes amenazantes que presagiaban otra tormenta.

Adolfo, con su habitual serenidad, respondió:
—Lina, las semillas no germinan de la noche a la mañana. Cada tormenta que enfrentamos es una prueba, una oportunidad para demostrar nuestra capacidad de resistir. Los resultados llegarán, pero debemos darles tiempo. Si arrancamos la planta antes de que florezca, nunca sabremos cuán grande podría haber sido.

Lina asintió, comprendiendo que la verdadera prueba no estaba en los obstáculos que encontraban, sino en su capacidad para seguir adelante, día tras día, con la fe de que su esfuerzo sería recompensado.

Con el tiempo, su finca floreció, convirtiéndose en un ejemplo de éxito y resiliencia en la comunidad.

La paciencia es, en esencia, un acto de fe. Es creer en el proceso, confiar en que cada paso que damos nos acerca un poco más a nuestros sueños, aunque los resultados no sean inmediatos. Es entender que el tiempo es un aliado, no un enemigo, y que las cosas más valiosas de la vida requieren de una espera consciente y dedicada.

Así que, cuando te encuentres en momentos de duda, cuando sientas que el esfuerzo no está dando frutos, recuerda la historia de Lina y Adolfo. Recuerda que la paciencia es el puente entre el esfuerzo y el éxito, y que, tarde o temprano, los resultados llegarán. No permitas que la impaciencia te haga renunciar a lo que más deseas; ten paciencia, porque lo que estás construyendo es más grande y más fuerte de lo que imaginas.

CAPÍTULO 12
"La fuerza interior: ¿De qué estás hecho?"

EL MATERIAL DEL QUE ESTÁS HECHO

La vida está llena de retos que nos empujan a nuestros límites, y aunque algunos obstáculos puedan parecer insuperables, es importante recordar que estamos hechos de un material excepcionalmente maleable, capaz de adaptarse, cambiar y crecer. Es este material interno el que nos permite superar los momentos difíciles, encontrando dentro de nosotros la fortaleza para vencer cualquier desafío.

Nuestra capacidad para evolucionar, no es simplemente una característica biológica; es una fuerza esencial que define nuestra humanidad. Desde el momento en que nacemos, poseemos esta habilidad innata para adaptarnos. Sin embargo, depende de nosotros nutrirla y desarrollarla con el tiempo. Como un metal que se forja en el fuego, nuestras experiencias, por más duras que sean, nos moldean y nos fortalecen.

Imagina a Mauricio, un joven ingeniero que enfrentó un reto aparentemente imposible en su carrera. Después de meses de trabajar en un proyecto complejo, un error crítico amenazó con deshacer todo su esfuerzo. Sentado en su escritorio, con las manos en la cabeza, sentía que el peso del fracaso era abrumador.

Una tarde, su mentor, un veterano ingeniero llamado Javier, lo vio y se acercó a él.
—Mauricio, ¿qué sucede? —preguntó Javier, con una voz calmada pero firme.
—He cometido un error en los cálculos y todo el proyecto podría desmoronarse —respondió Mauricio, con desesperación en su voz.

Javier lo miró a los ojos y le dijo:
—Mauricio, el error no es el fin del camino, sino una oportunidad para aprender y crecer. Estamos hechos de un material que puede adaptarse, que puede evolucionar. Tal vez hoy veas este obstáculo como infranqueable, pero te aseguro que tienes dentro de ti la capacidad para encontrar una solución. No dejes que este reto te derrote, usa lo que has aprendido para forjar una nueva ruta.

Las palabras de Javier resonaron en Mauricio, dándole una nueva perspectiva. Entendió que los desafíos no eran barreras, sino peldaños hacia su crecimiento. Se dedicó a corregir el error, aprendiendo de la experiencia y emergiendo más fuerte y más sabio que antes.

Evolucionar es algo que todos debemos hacer. Cada vez que superamos un obstáculo, cada vez que aprendemos de nuestros errores, estamos añadiendo una nueva capa de fortaleza y sabiduría a nuestra vida.

El material del que estamos hechos es resiliente, capaz de soportar la presión y adaptarse a cualquier forma que la vida nos imponga. Y así, como Mauricio, todos podemos encontrar dentro de nosotros la capacidad de cambiar, de crecer y de superar cualquier reto que se nos presente.

Ningún desafío es insuperable cuando reconoces el poder de tu propia evolución. No importa cuán grandes sean los obstáculos en tu camino, estás hecho de un material que te permitirá no solo enfrentarlos, sino vencerlos y emerger más fuerte al otro lado.

Y aquí estamos, al final de este viaje, donde cada palabra escrita ha sido un paso dado en el sendero de la adversidad. Cada página, un eco de las batallas que libramos, cada línea, un susurro del coraje que nos impulsa a seguir adelante. Este no es solo el fin de un libro, es el amanecer de una nueva etapa en tu vida, un recordatorio de que en medio de las tormentas más oscuras, siempre hay una flor que está destinada a florecer.

La adversidad es la chispa que enciende el fuego de nuestra alma, el lienzo en blanco donde pintamos nuestros sueños más profundos. No es una maldición ni un obstáculo insuperable; es la tierra fértil donde las raíces de nuestra fuerza se hunden más profundas. A través de cada lucha, de cada lágrima derramada, algo dentro de nosotros crece, algo que a menudo es invisible para el ojo humano, pero que se siente en el corazón, como una pulsación constante que nos recuerda que estamos vivos, que estamos creciendo, que estamos floreciendo.

Imagínate un campo vasto, infinito, donde cada flor cuenta una historia. Algunas han sido golpeadas por los vientos huracanados de la vida, otras han sido aplastadas por el peso de las expectativas y el dolor. Pero todas, sin excepción, han encontrado la manera de erguirse hacia el sol, de abrirse al mundo con una belleza y una fragilidad que solo aquellos que han conocido la verdadera adversidad pueden poseer.

Así eres tú. Así somos todos. Somos flores en el campo de la vida, cada uno con su propia historia, con su propio viaje. Y aunque nuestras hojas puedan estar rasgadas o nuestros pétalos marchitos por momentos, dentro de nosotros reside una semilla indomable que nunca deja de crecer, de buscar la luz, de encontrar la belleza en la lucha.

El florecer en la adversidad no es un acto de rebeldía, sino de aceptación. Es reconocer que las tormentas vendrán, que el suelo a veces será árido y duro, pero que dentro de ti, siempre habrá la capacidad de crecer. La vida no es fácil, y nunca lo será. Pero es en esa dificultad donde descubrimos nuestra verdadera esencia, donde nos damos cuenta de que somos más fuertes de lo que jamás imaginamos, más resilientes, más valientes.

Es en los momentos de oscuridad donde las estrellas brillan con más intensidad. Y tú, querido lector, eres esa estrella. Una luz que se niega a apagarse, un alma que se niega a rendirse, una flor que se niega a dejar de crecer.

Y ahora, mientras cierras este libro, quiero que te lleves contigo una promesa: la promesa de florecer, sin importar las circunstancias. La promesa de no dejar que la adversidad defina quién eres, sino de usarla como el abono que nutre tu crecimiento. Recuerda siempre que dentro de ti reside un poder inmenso, un poder que puede transformar el dolor en sabiduría, el miedo en coraje, y la adversidad en una oportunidad para florecer.

Este no es el fin, sino el principio de una vida con propósito, con pasión, con la convicción de que pase lo que pase, siempre encontrarás la manera de florecer. Porque la verdadera fuerza no reside en evitar las dificultades, sino en enfrentarlas con la certeza de que al final, cada batalla librada, cada obstáculo superado, es solo una página más en la historia de tu vida.

Así que sigue adelante, el mundo está lleno de desafíos, pero también está lleno de oportunidades para crecer, para aprender, para florecer. Y tú, con tu valentía, con tu fuerza, con tu capacidad infinita de amar y ser amado, estás destinado a ser feliz, a encontrar la belleza incluso en los momentos más oscuros.

Gracias por acompañarme en este viaje. Ahora, es tu turno de escribir tu propia historia, de caminar tu propio camino, y de mostrar al mundo que, sin importar las circunstancias, siempre encontrarás la manera de florecer.

ACERCA DEL AUTOR

EDUARDO ALIGHIERI

Economista, escritor, emprendedor y speaker con una trayectoria inspiradora. Nacido con un espíritu resiliente y visionario, Eduardo ha dedicado su vida a motivar a personas de todas las edades a construir sus sueños, superando los retos de la vida con determinación y propósito.

Autor de varios libros de desarrollo personal y emprendimiento, su obra más reciente, Florece en la adversidad, se ha convertido en una guía esencial para quienes buscan transformar los desafíos en oportunidades. Con una prosa cautivadora, Eduardo combina sus experiencias personales y profesionales para brindar herramientas prácticas y reflexiones profundas que conectan con sus lectores a nivel emocional.

Además de su faceta como autor, Eduardo es fundador de Mckellan Academy, una plataforma dedicada a fortalecer las habilidades de éxito en emprendedores y líderes. Con más de 600,000 seguidores en redes sociales, se ha consolidado como una figura influyente en temas de crecimiento personal, emprendimiento y liderazgo. Su presencia en eventos, conferencias y talleres lo ha llevado a inspirar a miles de personas a dar el salto hacia sus sueños.

Con una visión clara de ayudar a otros a descubrir su potencial, Eduardo Alighieri es un autor que no solo escribe, sino que transforma vidas con cada palabra y acción.

Visita su sitio web en www.eduardoalighieri.com para conocer más sobre sus libros, eventos y contenido.